もうこれで英語に挫折しない

マッキンゼーで14年間活躍できた私は英語をどう身につけたか

祥伝社

赤羽雄二

はじめに

英語の勉強に挫折する理由

多くのビジネスパーソンが英語の勉強に取り組み、少し勉強して挫折する。やる気がないわけではないのに挫折する。仕事をしていると、どうしても緊急の仕事がふって湧いたり、振られたりするので、緊急性のない英語の勉強はどうしても二の次になるからだ。

忙しいとき、英語の勉強は無理にその日にやらなくても何も困らない。今日どうしても終わらせなければならない締切などないからだ。そうなると、英語が二の次になる。

一日休んでも、翌日、頑張って前日の分も合わせて勉強することができればあまり問題はない。ところが、実際は、一日休むと逆に「もういいや」という誘惑が強くなる。まだ忙しいのだから、「もう一日だけ休もう。明日から再開すればいいじゃないか。取り戻すのはすぐだ」ということで、二日続けて休んでしまいがちだ。

二日続けて休むと、後は坂を転げ落ちるようになってしまう。三日目、四日目も、英語を勉強せずにあっという間に日がたってしまう。そうなると、英語の勉強をしていた、頑張っていた、ということすら忘れて、日々の仕事に追われてしまう。

このように、ビジネスパーソンの英語の勉強は、実に挫折しやすい。

今度こそ挫折しないために

この本を手に取ったビジネスパーソンの方々は、これまで英語の勉強を始めて何回か挫折されたのではないか。

その理由を考えてみると、「**今日英語の勉強をしなくても、すぐには困らない**」ということに尽きると思う。忙しいビジネスパーソンが、一人だけで特別な努力をし、成果が見えづらい英語の勉強を頑張ろうとするのは、難易度が非常に高い。

ビジネスパーソンにとって、毎日が何だかんだ言って戦いだ。上司に叱られ、部下には突き上げられ、他部門とは何かと調整が必要で、ストレスが大きい。翌日、翌週までに仕上げる書類も待っている。この状況が大きく改善されることはなかなかない。

英語の参考書ではなく、英語の勉強を継続できるようにするための本

社会人になってから英語学習の本や参考書を何冊か買われた方が結構いらっしゃるのではないかと思う。私ももちろん4、5冊、あるいは10冊近く買っている。では、こういう本を何冊か買ったら英語の勉強を継続し、英語力をつけることができるのか。

目新しい本に出会うと、久しぶりに英語の勉強をやってみようと、思うことは思う。ついい先日も、これであなたもネイティブ発音ができます、という本を買ってしまった。

世の中の英語学習の本や参考書は、英語の文法や文例をてんこ盛りにし、「さあ、覚えてください」「あなたはやる気があるのだから、このくらいできるでしょう?」と迫ってくる。

問題は、こちらのやる気と、切迫感だ。緊急な仕事、過大な仕事に追われて何とかその

ビジネスパーソンにとっての英語学習の位置づけ

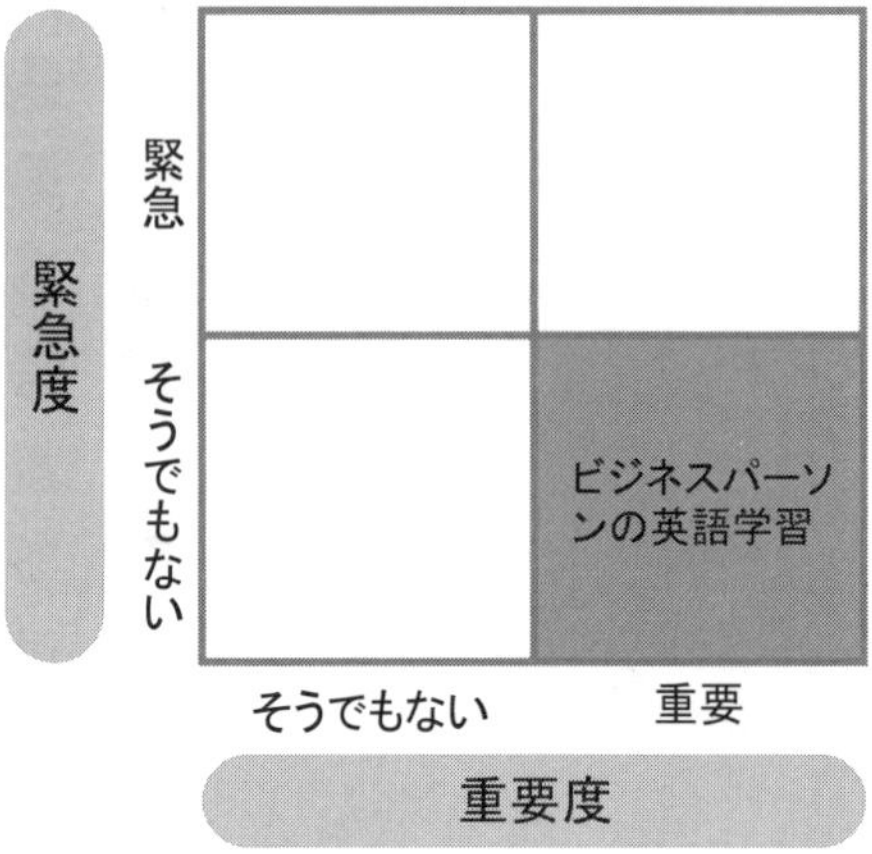

日の業務をこなしている状況で、緊急度ゼロの英語学習に割《さ》く時間などなかなか見つけられない。

本書は、そういった方々に向けた、英語学習の参考書ではなく「英語の勉強を継続できるようにするための本」「英語の勉強に挫折しないための本」だ。ビジネスパーソンが勉強し身につけなければならないものの、緊急度が低いあまりにどうしても勉強し続けられず何度も挫折することに対して、続けるための方法論だ。

その意味では、この本は、簿記を勉強しようとか、法律について勉強しようとか、何度も挫折した目標を実現するためのヒントにもなるだろうと思う。

もっと言えば、ダイエットして3キロ痩《や》せたいとか、健康のために毎日ヨガを続けたいとか、今日さぼっても明日困らない、でも継続しなければ決して目標を達成できない夢の実現にもきっと役立つと思う。

なぜ英語の勉強に挫折しない方法を広く共有したいのか

自分がどういう勉強をしたか、またどういうふうにすると英語の勉強を途中で挫折せず、続けることができるのか、本書ではこれをできるだけ多くの方に伝えたいと考えている。

その理由は大きく2つある。

第一に、英語が非常に重要であるにもかかわらず、日本人の多くは全く話せない。英語の情報を素早く取って素早く対応することができない。先端的なカンファレンスに参加して一気に事業提携まで話を持っていくようなことができない。

私はマッキンゼー入社直後、スイスのトレーニングプログラムに参加したが、まったく発言できなかった。中学、高校と一番得意な科目であり、スタンフォード大学に留学もしていたので講師や参加者の発言はおおよそわかるものの、自分が質問したり積極的に発言したりすることができなかった。このように、自分も最初全くできなかった状況から、何とか挫折せずに続け、ある程度はできるようになったので、その中で工夫した方法論をお伝えしたい。

第二に、日本では英語が全く話せなくても読めなくても、目の前の仕事には全く困らない。それに加えて、ハングリー精神の弱さから、日本にいると、英語の勉強を続けることが本当にむずかしい。

仕事がかなりできる人でも、英語ができない人が多いし、勉強しようとしてもすぐに挫折する。それがあまりにもったいない。

世の中の英語学習法は挫折しない人向け

世の中には無数の英語学習法があり、いかにも魅力的に宣伝されている。まともなものや、かなり安易なもの、いい加減なものもある。英語学校があり、スカイプ英会話があり、スマートフォンアプリがあり、英語番組がある。あらゆるＤＶＤ・ＣＤ教材がある。

ただ一つすべてに共通する点があり、不思議なくらい共通している。

それは、すべての学習法が挫折しない人向けにできていることだ。英語を勉強しようと思う人が挫折せず、勉強し続けることが大前提となっている。

３日頑張っても４日目に力尽きる人が多いとか、２週間何とか続いても出張が急に入ってその後は再開しようと思ってはや３カ月とか、そういうことがビジネスパーソンとしてはごく普通だということが全く考慮されていない。

なぜか学習者は皆やる気があり、それが維持でき、挫折などせずに勉強し続ける、という前提での英語学習法の提供に終始している。

もし世の中の９割以上の人が挫折しない強い意志があり、英語のよい教材を欲しているなら、もちろん意味があるし立派なことだ。日本人の英語力が一気に上がる。

ところが実際はそれと真逆であり、ほとんどの人がすぐ挫折する。それでいて、英語の勉強には関心が強いので、次々に目新しい学習法にお金を使ってしまう。

私も含め、英語の勉強に何度も挫折してきたビジネスパーソンに向けて、二度と英語に挫折しないための英語への取り組みについて考え、提案したいと思ってこの本に取り組んだ。

今の時代、YouTube、その他の動画配信、インターネットラジオ、Podcast、ブログ記事などのおかげで、全くお金を使わなくても、誰でも英語が勉強できる。実戦で役立つ英語ができるようになる。ただし、続けることができ、挫折しなければ、だ。

英語学習法に惑わされてきた日本のビジネスパーソンは、このへんで、好きな分野、関心の強い分野を追求するために、英語を道具として使いこなしていこうではないか。

成長したいビジネスパーソンにとって英語が不可欠な4つの理由

成長したいビジネスパーソンにとって英語が不可欠な理由が少なくとも4つある。

第一に、英語が話せないと、海外出張や海外駐在のチャンスがようやく巡ってきても、それを活かすことができない。グローバルな環境での仕事にチャレンジして大きく成長した人は多いが、そういうチャンスを自分は全く活かせない、ということになる。

私もマッキンゼー時代に10年にわたってソウルでの活動が続いた。そこで10数カ国のマッキンゼーのコンサルタントと一緒に仕事をすることは決して簡単ではなかったが、間違いなくそのときに大きく成長することができた。

ちなみに、このソウルでのプロジェクトはもともと自分が希望したものではない。もしあのとき、ソウルでのチャンスがなかったら、本当の意味での国際経験に乏しい、全くの別人で終わったのはほぼ間違いない。そう思うとおそろしい。

第二に、英語ができないと、海外で開催される先端的なカンファレンス、イベントに参加して最新情報を吸収したり、世界のトップクラスの人々と意見交換したり、意気投合したりすることができない。無理に参加しても、ただの傍観者に終わってしまう。そういう日本人を多数見てきた。夜遊びのほうは元気なようだが、日中から夕方のカクテルパーテイー、ディナーの席くらいまではかなりおとなしい。三々五々、キーパーソン同士の朝食ミーティングが行われているが、そういうところにも日本人はあまり見ない。

この何年も、ヘルスケア、医療、バイオテック、コンピュータ、モバイル、ネットワーク、ゲーム、半導体、素材、ウェアラブル、IoT、クラウド、セキュリティ、ロボット、人工知能、自動運転車、ビッグデータ、オートメーション、3Dプリンター、製造業、金融機関、フィンテック、仮想通貨、M&A、代替エネルギー、クラウドソーシング、マーケティング、広告、リテイリング、ファッション、グローバリゼーション、マネジメント、経済学、自然科学、教育、農業などあらゆる分野で、重要なカンファレンス、イベントが頻繁に開催されている。

サンフランシスコ、シリコンバレー、ラスベガス、オースティン、ニューヨーク、ロンドン、パリ、ベルリン、バルセロナ、シンガポール、ジャカルタ、香港、上海など、世界各地でだ。

当然、すべて英語で行われており、世界中からの参加者が英語でごく普通に、自然にやりとりしている。誰一人、英語に自信がないとか、英語の勉強が続かなくて困っているとかはなく、あくまで内容についての議論とお互いの親交を深めるためにがんがん話し合っている。

それが朝7時前後からの朝食ミーティング、朝9時からの多数のセッション、夕方からのカクテルパーティー、夕食ミーティング、その後のドリンクまで切れずに続く。ドリンクは相手を替え、2ラウンドあるかも知れない。

各分野の世界の最先端の動向はここでいっぺんに把握できるし、ネットワークもできるので、行かない手はない。というか、これに参加しないと輪に入れないので、世界を相手にしたビジネスの場合、非常に不利な戦いを強《し》いられることになる。真剣な戦いを最初から放棄しているとも言える。

第三に、英語ができないと、日本人以外と仕事ができないので、国内にいても仕事や就職先が限定される。上司が、部下が、取引先、顧客・ユーザーが日本語がわからない、という状況はどんどん増えている。

中国、台湾、韓国、タイなどからの訪日客相手のビジネスや、東南アジアや中東向けの商品輸出やeコマースビジネスはもとより、世界を相手にしたスマートフォンアプリ、クラウドサービスなど、英語ができなくても済んだ時代はとっくに終わった。これは、誰の目から見ても明らかだと思う。

2020年東京オリンピックに向けて訪日客が増え、日本国内のグローバル化が進むが、東京オリンピック後にも一定以上の変化が続くと見る必要がある。今の日本にとって日本の文化・観光資源は極めて貴重で、観光収入を何倍にも増やす必要がある。2014

年のデータでは、海外からの観光客はフランスが1位で8370万人、米国が2位で7476万人、日本は何と22位で1340万人と、マレーシア、タイ、韓国よりも少ない。2015年の最新データ速報では、日本が前年比47%増の1973万人に増えたというが大勢は変わらない。

英語が全くだめあるいは片言レベルだと、日本人以外と仕事をするチャンスが全く回ってこなくなる。また、ファーストリテイリングや楽天など、一定の英語力がなければ経営幹部への昇進チャンスが閉ざされる会社も出始めてきた。これらの企業で日々英語で業務が行われているわけではないが、英語力への要求は急激に上がっていくことはたぶん避けられない。

第四に、英語を読めないと、世界で本当は何が起きているのかわからない。インターネット時代には、世界中で進む技術開発、新製品・新サービス、事業投資、業界再編、政治・経済リスクなどにも十分注意を払い、最新状況を把握しておくことが不可欠だ。知らないばかりに間違った方向の努力をしたり、せっかくの競争優位性を一気に失ったりする。

4年に一度の米国大統領選挙でも、経済論争でも、国際紛争でも、日本語の記事は膨大《ぼうだい》にあるが、実際はほとんどがごく一部の元ネタの焼き直しに近い。日本語に翻訳されたものは、英語で流れてくる情報の5％もないというのが私の肌感覚だ。特に、海外のカンファレンス、イベントでは多数の講演が行われ、多くの場合、無料でネット視聴できるが、その中で日本語字幕がついたものはごくわずかだ。そもそも、誰かが日本語字幕をつけてくれるのを待っている時点で勝負からは遠ざかっている。

カンファレンス以外でも、特に米国のスタンフォード大学、マサチューセッツ工科大学、ハーバード大学など世界トップクラスの大学、大学院のコンピュータサイエンスや人工知能、バイオ、経済学などの授業も全部無料でネット視聴できるが、日本語字幕がついたものはまずない。

電気が通っていないインドやバングラデシュの山奥でも、アフリカの貧困地域でも、太陽光発電などを活用して古いPCを何とか動かし、こういったトップスクールの授業を必死で勉強している10～20代がいる。彼らのハングリー精神と日本人ののんびりさは比較のしようがない。

世界的に有名になったカーンアカデミーでは、初等教育から大学レベルの講義まで、物理、数学、プログラミング、経済学、ファイナンスなど3000本以上の教育ビデオが無料で提供されている。最初は英語のみだったが、現在は、幸い、日本語吹き替えも一部だけ用意されるようになった。それでも、このハンディキャップはいかんともしがたい。

そうはいっても、人工知能が急激に進化しているので、海外旅行に不便しない程度の自動翻訳機は間もなく出てくるはずだ。だから無理して英語を勉強しなくてもいいのでは、と期待している人もいるかも知れない。

私は、これはきっとそうではないと考えている。そうはうまくいかない。

ビジネスの場やその後のカクテルパーティー、ディナーの場で日本人を除く全員が何の問題もなく英語で自然にコミュニケーションしている中で、日本人だけが自動翻訳機を使うわけには到底いかないのではないだろうか。もちろん不可能ではないが、これでは気持ちが通じにくいし、だんだん避けられてしまう。

グローバルな環境での英語は日本人以外にとってはあまりにも普通のことなので、この大半が自動翻訳機に置き換わることはあまり期待しないほうがよい。

以上、わかっている人にとっては「何を今さら」と言われそうだが、ビジネスパーソンにとって、成長したければ英語は不可欠である、ということをあえてまとめてみた。
「英語はやっぱり勉強しなくては」と、改めて強く思っていただけただろうか。
では、次章から、具体的な話に移ろう。

『もうこれで英語に挫折しない』 目次

はじめに

第1章 マッキンゼーで通用する英語力をどう身につけたか

第2章

英語を勉強する必然性を作る

第3章

3カ月集中して1カ月休む

第4章

仲間を作って一緒に勉強する

第5章

短期間でレベルアップする勉強法

話す力の鍛え方

書く力の鍛え方

第6章

英語力はＡ４メモでさらに伸びる

第7章

これだけ覚えて終わりにする

おわりに

ブックデザイン　小口翔平＋三森健太(tobufune)

第1章

マッキンゼーで通用する英語力をどう身につけたか

発音など、誰も気にしていない

残念なことに、私の発音はあまりきれいではない。いわゆる日本人英語だ。だいたい、意識していないとLとRの発音をうまく言い分けられないし、正直に言うと聞き取りはもっと苦手だ。

私が、自分の英語が上手だと思えない最大の理由は発音だ。帰国子女のきれいな発音を聞くと、本当にうらやましく思う。ああなりたいと思ったことが何度もあったし、今でも頻繁《ひんぱん》にそう思っている。

Hurtとheart、sとth、bとvの発音の違いは頭ではわかっているし、一応発音できるが、急いで話しているときはぐちゃぐちゃだと思う。口がうまく動いてくれない。

何度も発音の本を買っては挫折した。ハリウッド映画の発音にあこがれているので、発音が本当にきれいになる確証があるなら、多分10万円でも払うだろう（誰かがそれは安いのでは、と言っていたが）。

そういう私が、マッキンゼーでの経営コンサルティングの経験から強く感じたことは、発音がどんなに下手でも、大きな声で平気で話せば何とでもなる、ということだ。

LとRの発音に関して、よくrice（お米）とlice（しらみ）の例が出され、日本人は萎縮《いしゅく》させられがちだが、実は、意識して発音すればすむ話だ。「日本人はお米をよく食べます」という自己紹介をもしする場合はそのときと、中華料理店などでsteamed riceを頼むとき以外に使う機会すらないのではないか。江戸っ子は「し」が言えず、「ひ」と言うようなものだ。相手がそういう発音をするとわかれば、それだけのことですんでしまう。

LとRなどどうでもいいので、積極的に何でもいいから英語を話すほうがよほど大事だ。相手は、日本人がともかく多くしゃべってくれることを期待している。

実は、発音など、ビジネスパーソンの英語としてはどうでもいい。全く何の問題もない。世界中、誰も気にしていないからだ。大事なことは、話す中身と積極的にコミュニケーションしようとする姿勢、一緒に何かやろうとする前向きさだ。

多分、ここには「英語が通じる」という考え、発想がない。皆、共通言語として英語を話しているのであって、「話をする」「質問をする」「意見を言う」「動画などのコンテンツを見る、勉強する」だけのことだ。「英語で話す」「英語で質問する」「英語で意見を言う」

という意識が全くないのではないかと思う。したがって、誰も発音のことなど気にもしていない。

ちなみに、日本人から見て、シンガポールや香港の人の英語の発音は聞けたものではないし、インド人の英語も相当にひどい。それでも彼らは何の躊躇《ちゅうちょ》もなく、堂々としている。日本人から見るとえらい巻き舌で、イギリス英語ともアメリカ英語とも違う、別体系と言うしかないような英語だ。

それでも、彼らはシリコンバレーを始めとする世界のトップ企業のＣＥＯや経営幹部として大活躍している。東南アジア、アフリカ、欧米など、世界中でインド人の活躍を見ないことはない。

英語で仕事をできるかどうかは、引き出しの数と遠慮しないことだけ

結局、英語で仕事をできるかどうかは、必要な状況ごとに何をどう言うべきかを一応知っていることと、その場で遠慮せずに発言することに尽きると考えている。

「もっとゆっくり話してほしい」「さっきの説明を繰り返してほしい」「今日の会議の目的を説明したい」「今日の会議はこれでいったん終了したい」「次回はいつ開催したい」など、言うべきことはほとんどワンパターンだ。

もちろん、一つの表現でも微妙に違うニュアンスを日本語で何種類か言えるように、英語の表現でも何種類かあるが、ネイティブでない我々にとっては、一つの言い方で十分だ。馬鹿の一つ覚えであっても、必要なときに必要なこと、あるいはそれに近いことが言えさえすれば、何とでもなる。

引き出しの数以上に大事なのは、遠慮しないことだ。日本では、「男性のおしゃべり」が必ずしも歓迎されない傾向があるが、英語の世界は違う。皆、いくらでも話す。会議とかでも話し始めたらあまりやめてくれない。また、どう考えてもちょっとピントがずれていたり、今それはあまり関係がないから、ということだったりしても、平気で話す。

マッキンゼーに入ってすぐ、留学帰りとはいえ、あまり英語が話せなかった。特に誰かががんがん話している際に割り込んで話すなどは到底できないレベルだった。

一年目には、コンサルタントの基礎講座が世界各地で開催される。私の場合は、スイスでの講座に参加したが、世界中の新米コンサルタントが集まってくる。皆、コンサルタントとしての基礎スキルはまだまだにもかかわらず、全く遠慮なく発言する。話し始めたらだいたい長い。

先生が質問し、皆がそれに答えるのだが、その内容があまりにも当たり前過ぎて日本人の感覚からすると「そういう当たり前の答えをするなよ。言わなくてもわかってるだろ？」と言うしかないようなものばかりだった。

先生：「企業経営において大事なものは？」

受講生：「はい、社長のリーダーシップです」

先生：「社長のリーダーシップで重要なものは？」

受講生：「強い意志です。それと徹底力です」

私はこういう問答で手を挙げる気にならなかったし、当たり前すぎて発言する気にはとてもならなかった。

ただ、そういうふうに思っていると、いつまでたっても全く発言ができない。発言ができなければ、こちらはあまり賢くないのだろうと思われてしまう。少なくともそう思われると本で読んだことがあるし、実際そのように感じた。自分がその場にいても全く参加していない感じがするし、現実問題として、誰にもあまり話しかけられない。

あまり気分がよくないので、それ以降は、そのようなプログラムがあるたびに、意地でも発言すると決め、必ず数回以上質問したり、発言したりすることにした。その結果、だんだんと何とかそういう場でも気後れせず、どんどん議論に参加できるようになった。

内容など知ったことではない。何しろ、皆、全然大したことを言っていないのだから。黙っているほうが損だ。何でもいいから話そう、という居直りの境地に達した。遠慮などしても何にもならない。何でもいいから発言するほうが、どうもいい感じがする。

それ以降、英語環境で遠慮するのはやめた。英語の世界では、つまり日本以外では、正しい英語を話そうとか、きれいな発音で発言しようとか、そういうことは誰も考えていない。「遠慮」という言葉はどこにもない。

ちなみに、そうはいっても、「英語のミーティングでの発言はやっぱり簡単ではないなあ」とつい最近まで思っていた。ところが、日本であるビジネスの審査会に出て、日本語での会議でも非常に発言しづらいことがあることに気づいた。

相手の思惑がわからない、これを言うとどう取られるかわからない、どこまで空気を読まなければならないのかわからない、というときに、平気なはずの私でもかなり気にしながら発言せざるを得なかった。10人近くいた参加者の中で、発言できる人は限られていた。

つまり、言葉の問題もあるとは言え、発言できるかどうかは内容そのものへの強い問題意識と自分としての考えをどこまで持っているかどうかに大いによる、ということを改めて確認した。逆に、どうしても言いたい、という強い気持ちがあれば、言葉が不自由であろうが、黙っていたほうがよいという圧力があろうが、発言は十分できる。

マッキンゼーのコンサルタントという仕事

マッキンゼーは、1万7000人のスタッフが世界60カ国の110近くのオフィスで活躍している。1926年に設立された、世界最高、最大の経営コンサルティング会社と言われている。

主に大企業の企業ビジョン制定、戦略立案、組織設計などに従事し、多くの場合は、英語での業務となる。

私は、入社して3年半は主に東京でのプロジェクトだったが（ニューヨークでのプロジェクトも4カ月あったが、日本の商社の米国組織設計だったので、クライアントとは日本語だった)、その後、3カ月の予定でソウルでのプロジェクトにアサインされ、それが半年延び、さらにその年の12月には1年延び、また1年延びで、結局10年間、毎週月曜から金曜まではソウルでプロジェクトを進めていた。

基本的にはクライアント企業の経営陣やクライアントチームと議論をして、事業・経営課題の優先順位を明確にし、経営改革を進める仕事だ。月に1回ほど報告会をしつつ、全社の意識・行動改革を推進していく。

現場への深い理解に基づく洞察力のある分析と、詳細かつ具体的な解決策を提案し、実行して成果を出していただくことが仕事なので、ヒアリング、説明、説得、不満解消、問題提起、合意交渉など、ビジネス英語でのコミュニケーション能力と非言語コミュニケーション能力が必要となる。

コンサルタントの現場では、どの程度の英語力が必要なのか

韓国での10年間、クライアントチームは片言の日本語と片言の英語、こちらはあまり自由ではない英語と、断片的な韓国語、それに相手によっては日本語で多数のプロジェクトを動かしていった。基本的には、相手に伝わりさえすれば何とかなる。漢字の筆談もかなりやった。

こちらも必死なので、遠慮はいっさいしなかった。これをどう言うのか、悩んで結局言えなかった、というようなこともない。遠慮さえしなければ、遅かれ早かれ意味は伝わる。そういった中で、経営コンサルティングの価値を提供するための英語をなんとか身につけていったことになる。

マッキンゼーでは、世界中のコンサルタントが自分の関心ある分野ごとに世界のどこかに集まって、数日間の研究会を開催する。私は、韓国の財閥へのコンサルティングが長かったので、オーナー系企業へのコンサルティングを主に研究するグループを立ち上げた。

そのときに調査してわかったことであるが、実はマッキンゼーの全世界のクライアントの過半はオーナー系だ。

オーナー系というのは、創業家が株を持って影響力を発揮しているか、経営者としてリードしているか、株もほとんど持たず、経営層にも入っていないものの隠然たる影響力を発揮しているかのどれかになる。それらオーナー系企業は、日本を含むアジア諸国、欧州、北米、中南米などに特に多い。

代表的な大企業がほぼオーナー系という国が多数ある。華僑が経済的に支配する東南アジアの各国はその代表例だ。韓国も同様だ。

私はそういうオーナー系企業での共通課題である、事業ビジョンの立案と実行策立案、後継者育成、プロフェッショナル経営者の導入、人事制度改革などに関して、マッキンゼーの各国から集まるコンサルタントと議論し、よりよい方法を研究した。自分の得意な分野だったので、英語が下手でも何とかなった。こういうプロセスで、英語の環境での度胸だけはついていったと思う。

オーナー系企業への豊富なコンサルティング経験の関係から、インドネシアの華僑財閥やトルコの財閥の後継体制育成の助言をするため、それらの国にも何度も訪問した。これらは英語でのプレゼン、質疑応答となるが、内容を熟知していたので、何とか任を果たすことができた。

英語力をつけるため、どういう工夫をしたか

私は中学、高校と英語が好きだったが、海外旅行や留学といったことはコマツに入って留学制度ができるまでただの一度も考えたことがなかった。想像すらしなかった。ただ、向上心だけは非常に強いので、そういうチャンスがあれば迷わず飛び込むことにしている。留学制度ができて募集が始まった際、即座に申し込んだ。幸いにも応募者が数名しかいなかったので、第一期に留学させていただけることになった。

留学の最初の2カ月は、スタンフォード大学の夏期英語学校に通った。ただ、そこでも英語力がついたという実感は全くない。その間、大学のキャンパスにある学生寮に滞在したが、木曜、金曜にパーティーがある。パーティーと言ってもピザとビール、コーラ程度だが、ここにはせっせと通って何とか会話しようと試みた。

ただ、これも名前を言って、日本から来たこと、コマツの留学生派遣プログラムで来たこと、大学でアメリカンフットボール部だったことくらいで、それ以上の会話はできなかった。

このパーティーでは、大音量の音楽の中で、皆がかなり大声で話をしているところを何とか誰かをつかまえて話さないといけない。これはこれで、結構、心が折れることもあったが、日本人がほとんど参加しないパーティーに何度も参加することで、少しだけ度胸がついたかも知れない。

その後は大学院の機械工学修士コースなので、英語を話す必要はあまりなく、ケーススタディも経験したことがない。まともな英語のディベートなど経験したことがなかった。

英語力が一番伸びたのは、マッキンゼーに入って4年目にソウルでのプロジェクトにアサインされ、最初は一人だけでいくつものプロジェクトを推進し始めてからだ。そのときにやったことは、

1 ― ネイティブスピーカーが会議で何をどう話すのか、何度も書き留めた

2 ― それを元に、状況別の例文集を作り、繰り返し大きな声で読み上げ、言い慣れた

3―英語の記事を時々大きな声で読み上げた
4―英語のメール、英語の報告書などはすべてエディター（英文添削担当）に添削してもらった

の4つだった。韓国でのリーダーとして、多くのマッキンゼーコンサルタント（会話はほぼ英語）、クライアント社内で育てた数百人の経営改革推進リーダー（会話は英語、韓国語、日本語）と日々やり取りし、多くのプロジェクトを推進していた。こういうときに、英語でのやり取り自体、発音を気にしたり、もじもじしたりの余裕は全くないので何となくビジネス英語らしきものができるようになった。

日本人は、本当は英語ができるのに話さないだけ

日本人は中学、高校と6年間英語の勉強をしている。授業だけで合計800時間くらいは勉強しているし、予習復習を週2時間したとすると、2時間×35週×6年＝420時間

になる。夏休み、冬休みの宿題などを加えると、１５００時間くらいになるのではないだろうか。

これだけ一つの科目を勉強すれば、本当はかなり上達するはずだ。ところが、日本人の大半は、学校時代の勉強がほぼ役に立たず、外国人が英語で話しても、にこにこするだけでそれ以上の意思疎通ができない人が多い。これは非常にもったいないし、宝の持ち腐れだ。

中学、高校の勉強が役に立たないのは、実用のツールとして習ったり使ったりしていないからだ。ところが単語とか文法は結構勉強している。だから、それをうまく活かすことができれば、本当はもう少し英語でコミュニケーションできるはずなのだ。

これまで、留学していたり、英語の記事をそれなりに読める程度の英語力が実はあるはずなのに、外国人のいるミーティングやパーティーでは、ほとんど発言せずただ聞いているだけのビジネスパーソンを多数見てきた。

恥を知りすぎる文化、ハングリー精神がなさ過ぎる文化

実用性が希薄な日本の英語教育の問題点もさることながら、日本人が英語でばりばり会話できない最大の理由は、日本人の控えめさによると考えている。

恥を知る文化はもちろん立派だが、恥を知りすぎて英語での会話を避けてしまっては、かえって相手への失礼になる。「日本人は英語が話せないらしい」「日本人に話しかけても通じない」ということでだんだん無視されるようになる。

それだけではなく、ハングリー精神がなさ過ぎるのも問題だと考えている。英語を話さなくても何も困らない。英語を話すメリットが今すぐ目の前で感じられないという理由で英語を話さなくてもよいと思っている。英語を話さないことでものすごく大きなチャンスを失っている、ということがあまり気にならない。

韓国、インドネシア、インドなどの方と話す機会が結構あるが、彼らは実に活発で、どんどん話しかけてくる。決して流暢《りゅうちょう》とは言えない英語で、発音も到底聞きやすいとは言

えないなまりで、いっさい遠慮なく話しかけてくる。要は英語力の問題ではないのだ。

人と人がいれば必然的に話をする機会があり、英語ができるとか、文法が苦手だとか、そういうことを日本人以外、考えてもいないと思う。彼らに遠慮はない。

英語は、単語の羅列でも何でもいい

外国人に話す場合、相手も自分と同じように英語が話せないということはほとんどない。嬉しいことにと言うべきか、残念なことにと言うべきか、英語ネイティブの国でなくてもほとんどネイティブ並みの英語を話す人のほうが普通だ。

相手がほぼネイティブであれば、単語を羅列しても何を言いたいか理解してくれる。恥ずかしがって何も言わなければもちろん何も伝わらないし、相手も場がもたずフォローのしようがない。

日本人は真面目過ぎるためか、なまじ文法を勉強しているためか、正しい文章で話さなければ恥ずかしいという気持ちが強すぎる。正しい英語でなければ通じない、と心の底から考えているわけではなく、変な英語を話したくない、というだけだと思う。

そうは言っても話すことが何もない、という人もいるだろう。何を言ったらいいかわからない、というのが典型的な状況だ。

でも実際は、相手は日本についていろいろ興味を持っているので、何でもいいから知っていること、新聞や雑誌で読んだこと、昼休みに同僚と話したことなど、構わず話せば非常に喜ばれる。そのためには単語の羅列とボディランゲージで十分に意味は通じる。

英語が全く話せないのに、海外旅行で単語だけ並べ、指さしして、わあわあ何か話して買い物を大きく値切り、その上で現地の人と仲良くなってしまう日本人が結構多いのは、見たことがあると思う。こういう人たちは余計なプライドが全くなく、言いたいことしたいことがあるので単にコミュニケーションしているに過ぎない。ビジネス上もこういうアグレッシブさがもっと必要だ。

単語を羅列しているうちにうまくなる

英語を話せるようになるかどうかは、初めて自転車に乗ったときと同じだ。何度も転び、だんだんうまくなっていく。自転車で転ぶと痛いが、英語で何とか話すときは、相手は英語のネイティブかネイティブに近いのでこちらの言いたいことを理解してくれる。痛いことは何もないのだ。むしろ、どこの世界でも、日本人が積極的に英語で話すことが珍しいので、歓迎してくれる。

初めて自転車に乗ったときは、ペダルを左右交互に動かすことが結構大変だ。右足を踏み込むときは左足が後側から上がっていくので力を抜いていないとペダルがえらく重くなる。左足が一番上を通過した時点で今度は左足を踏み込むが、そのときは右足の力を抜いて、ペダルの動きに合わせてあげないといけない。

同時に、ハンドルを持って固くなりすぎず、障害物があったら少し右か左によけないとぶつかって倒れてしまう。肩や手に力が入り過ぎると、ハンドルをうまく動かすことなどとてもできないが、最初のうちは到底リラックスしてハンドルを持つことなどできない。どう考えても、自転車に初めて乗るよりは、英語を適当に口にしてみるほうがやさしいのではないだろうか。発言さえしていれば相手はわかってくれるし、気持ちは言葉などなくても通じる。

うまく話そうという心理的ブロックを捨てる

いろいろな国の人と話しても、「英語はうまく話さないといけない」という意識が強い人には一度も会ったことがない。皆、意思疎通の道具だから何ら特別視せず、会話する。英語がどうのこうの、という意識が全くない。アメリカ人とイギリス人はネイティブだ、という意識もない。

私はこれまで、He is a native English speaker というような言い方をほとんど聞いたことがない。Native かどうか、英語が通じるかどうか、というような概念がない。「彼は空気を吸って生きていますか?」という会話に意味がないし、質問されないように、トピックにならない。

日本人だけ何かと意識過剰だ。私もたぶん、意識過剰だ。うまく話そうという心理的ブロックが非常に強い。

この心理的ブロックが、英語を使いこなすうえでの最大の壁だと思う。この本を読んでいただくことで、是非、壁を壊してほしい。そんなことは言われなくてもわかっているが実践できないのだ、という反論が聞こえてきそうだが、実は、その心理的ブロックをかなり解消するよい方法がある。『ゼロ秒思考』（ダイヤモンド社刊）などの著作で説明してきたA4メモを使った方法なので、「第6章　英語力はA4メモでさらに伸びる」で改めて詳しく説明したい。

やけっぱちになる

英語を話すうえで何といっても重要な点は、やけっぱちになることである。「やけっぱち」とは、うまく話そうという心理的ブロックがあるとか、恥ずかしいとか、そういうものを捨て、もっと必死で、もっと一心不乱に相手に食い下がっていく感じだ。よけいなことを考えず、必死に話そうとする。

そういうアプローチをすると、こちらが真剣で、本当にやりたがっていることが相手にはっきり伝わるので、一目《いちもく》おかれるし、より真剣に対応してくれるようになる。

世界中で日本人だけが英語への意識過剰で、うまく話せないからといって話さず、いつまでたっても不自由な状況はそろそろ打開しようではないか。島国根性だからなのか、ウチソトに線引きをするムラ社会だからなのか、よくわからないが、ただのコミュニケーションの手段を特別視してマヒしたような感じになるのは、もうやめよう。

そのためには、あえて「やけっぱち」になって言いたいことを全部ぶつけていくのがよい。「やけっぱち」という言葉がそぐわなければ、「何でもいいから話す」「あれ？　と思うことは全部言ってみる」でも何でもよい。

私自身も、韓国で追い込まれて居直るようになり、初めて英語で発言できるようになった。発言できれば、相手の反応も大きく変わり、急激に目の前が開けていった。

第2章

英語を勉強する必然性を作る

「英語ができるようになるといいな」では、無理

第1章では、マッキンゼー時代、そしてその後の海外での実体験を通して、私が痛感してきた日本人の英語の現状について、論じた。

ここから、いよいよ「挫折しない英語学習」について、提言したい。提言は3つある。「必然性を作る」「3カ月学んで1カ月休む」「仲間を作る」である。ひとつずつ、詳しく説明しよう。

英語に限らず、「できるようになるといいな」という程度のものに時間をかけ、うまくできるようなことはあまりない。

毎日が暇で暇でしょうがなければ別だが、ビジネスパーソンは皆、忙しい。今すぐやらなければならないことが常に山積みになっていて、「時間ができたらやろう」とまでは考えても、できる時間はいつまでたっても来ない。

したがって、今日こそは勉強しようと思っても、翌日までの緊急の書類作成に追われたり、あるいはどうしても眠気に勝てなかったりするのが普通ではないだろうか。私は眠くなるとアンメルツを首や肩に塗ったり、場合によって額に塗ったりするが、いったん眠くなるとほとんどの場合は、どうにもならない。机の上に突っ伏して15〜20分前後寝て何とか回復しようとするが、余計に眠くなるだけだったりする。

英語のように、毎日触れ、毎日慣れることで体にしみこんでいくタイプのスキルは、「時間ができたらやろう」という姿勢では、全く身についていかない。もっと能動的かつ継続的な努力が必要だ。しかもいわゆる「努力」とあまり感じさせない方法を考える必要がある。

英語の勉強への必然性を自分から作り出す

新しいスキルを身につけるには、大きく二つ方法がある。

ゴルフ、テニス、ゲーム、音楽など、初めて出会ったときにものすごくはまり、夢中になってやり続けることがある。気づいたときにはかなりのレベルまでスキルアップしている。

こうなるのは、対象が非常に楽しく、娯楽性が強いものに限られるだろう。英語の場合、初めて触れて驚喜し、「辞書の全ページを読み進むことがどうしようもなく楽しい」という人も希《まれ》にいるかも知れないが、よほど恵まれた学究肌の人に限られるだろう。普通の人にとって、そこまで楽しいことではないと思う。

スキルアップの二番目の方法は、勉強への必然性を作ることだ。

英語の場合、英語を勉強せざるを得ない状況に自分を追い込む。今日、英語の記事をいくつか読んだり、あるいは英語のニュース、番組を見たりしなくても、締切に追われるわけでもなく、何かすぐに変わるわけでもないので、忙しいとどうしても後送りにしてしまう。

そうやって毎日、明日は勉強しようと思っても、翌日はまた、どうしてもその日にしなければならない何かが起きるので一日延び、二日延び、一週間延び、一カ月延び、ということにいつもなりがちだ。

英語を勉強する必然性を作るとは、要するに「誘惑に弱い自分でも英語を勉強せざるを得ない状況を作り出す」「追い込まれる状況を作る」ということだ。締切がない作業を淡々と飽かずたゆまず続けることは、普通の人にはちょっとむずかしいのではないか。少なくとも私には到底無理だ。

英語の勉強は何度中断してもいい。 またすぐ再開できれば

勉強の予定を立てて計画通りに進まないことはごく普通に起きるが、暇な人はいないし、しょうがないことだと思う。

ただ、考え方を少し変えてみたらどうだろうか。それは、「計画通りに進まなくて挫折しても、またすぐに再開できれば、大した問題ではない」という考え方だ。

何かを始めてもすぐに挫折しないよう、決めたことを続けるための努力については多くの人が語っている。「毎日10分でいいからやり続けなさい」とか、「大切なことだったら、毎日まずそれからやりなさい」とか、そんな感じだ。それで続けられたら世話がないが、精神論は延々と続く。

逆に、「挫折してもいい」という人はあまりいない。続けようと決めたのに挫折してしまったら元も子もないので、挫折してもいいとは言いづらいからだ。

ただ、考えてみれば、何回挫折しても、またすぐ再開すれば別に挫折したことにならない。「挫折」というのは、やめてしまい、当分あるいは二度と再開できないことだ。再開できるのであれば、ちょっとした「休憩」であり、「一息いれた」だけだと思う。そうすると、鍵は、「挫折」にあるのではなく、「再開の早さ」ではないだろうか。

つまり、中断、挫折自体を気にするのではなく、どうすればなるべく早く再開できるかを考えたほうが何倍もよい。そうこうしているうちに、大好きな分野や関心の強い分野での英語の動画、記事などが面白くなってきて、挫折の頻度が減っていく。

必然性を作る 具体例1

自分が好きで強い関心を持つ分野の記事を読む、動画を見る

英語そのものは、ただのコミュニケーションの道具であり、学ぶことに特に面白さがあるわけではない。したがって、英語を勉強し、使えるようになるには、自分が好きなこ

と、強い関心を持つことに対して「もっともっと知りたい」「日本語での情報は少ししかないので、英語でもいいからもっといっぱい知りたい、もっと深く知りたい」というところから手段としての英語の必要性を感じ、英語になじむ必要がある。

そうではなく、「英語を勉強したい」「英語は誰でも勉強したほうがよい」というところから出発すると、面白み、楽しみがないので、どうしても途中で挫折してしまう。ゴルフであれば、初めてでも、下手でも、コースに出るのがすごく楽しかったりするが、英語の勉強自体は、普通の人にとっては苦行でしかない。なので、自分が大好きな分野、関心の強い分野の記事を読み、動画を見るための手段として英語を使うことが出発点になる。

日本人には舶来志向がまだ残っているのか、英語をありがたがったり、話せないことを卑下《ひげ》したり、妙に特別視する傾向があるが、英語はただの道具だ。靴を履いて散歩するように、雨が降り始めたので傘を広げるように、英語を使ってコミュニケーションする。自分の知りたいことを知り、自分がやり取りしたい人とコミュニケーションするためのもので、高尚なことは何もない。

あることについてもっと知りたいのに、日本語に翻訳されたものは少ししかないから英語の記事を読む、ニュースを聞く、YouTubeを見る、一生懸命話す、人の意見を必死で聞く、それだけだ。どういった分野でも、日本語で読める記事はごくわずかしかない。日本語の吹き替えや日本語の字幕のついた動画もごくわずかだ。

本気で海外の動向を追おうとすると、どうしても英語で読み、見て、聞くしかない。日本語だけで済ませようとするのは、目をつぶって高速道路を横断するようなもので、いつか大失敗する。

Apple や Google ほどの影響力の大きい企業であっても、最新動向や今後の動きはごく一部だけしか翻訳されていない。ネットで検索すれば読み切れないほど記事があるではないかと疑問に思われた方は一度、あるテーマに関して検索して出てくる記事を100個ほど実際に読んでみてほしい。真剣に読めば読むほど、片寄った情報、一部の情報しかなく、本当はどうなんだろう、何かインタビュー記事とかないのだろうか、社長が講演したはずなんだけど日本語での紹介はないのだろうか、となるはずだ。

表面的に知るだけ、軽く情報収集するだけでは気づかないが、ちょっと本気で調べようとすると日本語になっていない貴重な情報が莫大にある。

国内市場向けなので海外など関係ないと思っていたビジネスでも、グローバル企業がどんどん参入して思いがけないことが起きる。彼らがどういう方針で運営されているのか、日本語の情報は普通ごくわずかしかない。社長の貴重なインタビュー動画なども、英語ならかなり容易に探すことができるが、ほとんど日本語にはなっていない。

激震はタクシー業界や、ホテル業界ですでに始まっている。銀行、証券の存在意義も5〜10年単位で見れば劇的に変わっていく。「こういう規制産業は変わる変わると言っても変わってこなかったではないか。ただの狼少年だよ」と思われる方もいらっしゃるだろうが、すでに大きな変化が始まっている。20代の方であれば今後の40〜50年、30代の方であれば、今後の30〜40年、40代の方でも今後の20〜30年、仕事をされる可能性が高い。変化を先取りして準備、対応するのと、手遅れになってから慌てるのと、どちらがいいかは言うまでもない。

医療の進化で平均寿命はどんどん延びている。「60歳定年、のんびりした老後」という概念がとっくになくなっているように、70歳くらいまで現役ばりばりな時代がまもなくやってくる。そうだとすると、今後どういう変化が起きるのか、道具としての英語を使いこなして先取りをする意味が本当に大きくなった。「自分は50代以上だから英語はうまく切り抜けることができた。変化はもう気にしなくていい」などと言っている場合ではない。

もし自動運転車に強い関心があれば、Googleが開発中の自動運転車が今どこまで進化しているのか、Googleの責任者が何を考えてどう進めようとしているのか、カリフォルニア州はそれをどうサポートしようとしているのか、知りたくてしょうがなくなる。仕事に直結していたら、知りたくてしょうがない、というレベルを超えて、知らないとまともに仕事ができない。

ハリウッド映画がものすごく好きで、あこがれのスターがいるのであれば、日本語になっていない膨大な数のニュース、記事、ゴシップ記事、英語のシナリオなどを読むのが楽しくてたまらないし、時間を忘れて没頭してしまう。

英語はただの手段だが、通じるようになってくると、冷凍食品を解凍して食べられるようにしてくれる電子レンジと同じく、非常にありがたい手段になる。ただ、電子レンジは使えさえすればよい。祭り上げられるものでも、特別視されるものでもない。でも、使えないと快適に生きていくのに差しさわりがある。

必然性を作る
具体例2

日本語になっていない海外の最新情報を共有する仲間を作る

慣れない英語情報を見落としなく素早く理解し、行動に活かすことは簡単ではない。一人で全部やろうとすると、さすがに苦しい。

したがって、自分が見つけた海外の最新情報を共有する仲間を作るとさらに楽しいし、励みになる。どこにいい情報があるのか、お互いの情報交換をすれば、より早く、楽しく有意義な記事、動画に行きつく。掘っても掘っても金が出てくる金鉱を見つけた気分になる。

「ねえねえ、知ってる？　これ！」「え？　知らなかった！　どこで見つけたの？」「え？　知りたい？　教えてほしい？」というのはファンなら非常に楽しい会話だ。スポーツや音楽の世界だけではなく、技術やＩＴ、ビジネスの世界でも同じように楽しい。

最新情報の共有をするのに会って話すのはもちろん楽しいが、忙しいビジネスパーソンにとって毎週会うのはなかなかむずかしい。Facebookグループ、ＬＩＮＥなどでやり取りすれば非常に簡単にできる。

お互いの発見を共有すると、比較的少ない努力で大きな手応えと成果を感じることができるし、脱落しそうになっても、仲間の顔が浮かんできて、何とかもっと頑張って知ろうとする。

趣味だけではなく、仕事に関係あることであれば、最新情報を漏らさず把握することでよりよい結果を得ることができるし、それ自身がとても楽しいことだ。自分も大きく成長できる。

しかも、そのプロセスで英語力が自然についていく。仲間の存在が英語力をつける後押しをしてくれる。

必然性を作る具体例3
「明日やればいい」をなくすには、勉強の進捗を仲間に宣言する

英語の勉強とか、ストレッチとか、何かを毎日やろうと決めても、その通りに続けられる人はかなり少数ではないだろうか。少なくとも、私にはまずできない。

やることを決めた日にはやる気まんまんだが、翌日には、不思議なほど気持ちが薄まっている。やる気がすぐに蒸発してしまう感じだ。自分でもなぜだかわからないが、こういうことがごく普通に起きる。

ただ、同じ挫折するにも、タイプが少なくとも2種類はあるように思う。挫折して終わってしまうものと、何とか挽回《ばんかい》しようとするものだ。

通常、さすがにその日は決めた通りにできる。ところが2、3日後には翌日までに仕上げなければならない資料があるとか、飲み会で遅くなったとか、いろいろな理由でできなくなる。できない理由が不思議なほど次々と生まれる。

「2、3日続いたし、今日はまあいいや」と、決めたことをやらずに寝てしまうわけだが、問題は、翌日もまた別の忙しい理由が生まれて、時間が取れない。そうやって一日また一日と、決めたことを実行できない日が続く。

実行できなくても差し当たりいっこうに困らないので、どんどんやらない日が続いていく。これが私にとって、よくある挫折のパターンだ。英語の聞く力をYouTubeで大きく強化したいと何度も決断したが、だいたい数日しか続かない。

私は、日ごと、週ごとの目標を設定していないため、どれだけ予定から遅れているのかが見えず、「明日から再開すればいいや」となり、しばらくすると実行を決めたこと自体、忘れてしまうことが多い。かなり前はそういう目標を設定していた頃もあるが、目標設定にかなりの時間をかけてしまい、それでやった気になることが多かったので、やめてしまった。

もう一つのパターンは、挫折した日あるいは翌日に「あ、これはまずい。明日はまずこれからやろう。そうしないと期日までに終わらない」というふうにかなり強く危機感を感じることができる場合だ。さぼった後に「まずい、時間ができたらすぐ続きをやらないと」という気になり、実際に前日の分を取り戻すプレッシャーを感じて、何とか帳尻を合わせることができる。

書類作成や、本や雑誌の原稿書きなど、期日を他の人に約束してしまっていると、幸いこのモードになる。さぼると翌日もっと大変になり追い込まれるだけなので、否《いや》が応でも優先順位が上がるのだ。優先順位が上がりさえすれば、毎日なんだかんだ言っても時間がないわけではないので、なんとか再開できる。挫折しても挽回せざるを得ない状況だ。

英語の場合は、あまり明確なゴールがないので、前者のパターンになる。自分の心との戦いだ。私は自分の心との戦いにはかなり弱いことを自覚しているので、仲間を作ることにしている。本を一緒に読むグループ、メモを一緒に書くグループ、テレビの将来を議論するグループなどだ。似たような悩みを持つ人はぜひやってみてほしい。

自分一人だと挫折しても自分で叱るしかないが、仲間がいれば彼らの頑張りが刺激になる。全員が常に頑張っているわけではないが、張り切っている人がそのときどきに一人くらいはいる。その人から刺激を受けられる。

フランスで有名な自転車ロードレース、ツール・ド・フランスでチームの先頭を走る選手が次々に交代するようなものだ。あれはもちろん作戦を立てて交代しているだろうが、英語の勉強仲間であれば、いつも適当に誰かがやる気を出していればよい。それが他の人への刺激になる。

英語を勉強する仲間を作ってお互いに今週はどこまでやる、毎日はどのくらいやる、ということを宣言しあう。私はすぐ挫折しそうだが、他の何人かは頑張り続ける。それを見て、気を取り直すことができる。しばらくしてまた挫折しそうになったら、また誰か別の人がやる気を出しているので、それを見て何とか頑張ることができる。こうやって、誘惑にも少しずつ勝てるようになっていく。

仲間はFacebookやＬＩＮＥ上で募れば、すぐに何人か集まる。ゴールと進捗《しんちょく》共有だけであれば、必ずしも実際に集まらなくても可能で、今日からでも始めることができる。

要は、計画通り実行しなくても何も問題なく、「明日からまた始めよう」ですんでしまうものは、「明日」が延々と続いていつの間にか消えてしまうので、仲間を作り、ゴールを宣言し、勉強の進捗を共有するのがよい。

誰かが引っ張ってくれるので、挫折しにくい。誰かが頑張って達成しようとしていることが刺激になって、怠け心への対応が何とかできるようになる。必然性を作り、高める工夫の一つだ。

必然性を作る 具体例4

英語の勉強仲間と勉強会を開く。進捗共有し、英語で発表しあう

必然性を作る具体例4としては、具体例3で作った英語の勉強仲間と定期的に勉強会を開くことだ。実際に顔を合わせるとさらに挫折しづらくなる。

第4章で詳しく説明するが、この本の読者同士で、英語勉強会を各地域で作ってはどうだろうか。読者が参加するFacebookグループを使えば、比較的簡単に地域分科会を作る

ことができる。それぞれの勉強会では、ゴールと毎日・毎週何をするかをお互い宣言しあう。

頻繁に会うのは大変なので、数カ月に一度程度集まればよいと考えている。そこで英語の勉強が予定通り進んだか進まなかったか、どうすれば挫折せず進めることができたか発表する。最近読んだ記事、見た動画などを英語で紹介し合う。

本でどのように説明しても、英語の勉強を続けられない人は続けられない。何かの必然性が必要で、それがこのリアルな勉強会だ。

東京では、4カ月に一度、私が開催しようと考えている。同じ日に全国各地で趣味・関心の強い分野ごとに地域分科会を開催されると面白いし、お互い刺激になるのではないかと考えている。

最初は、東京以外1、2カ所かも知れない。ただ、英語を勉強したい人は全国にいる。海外にもいる。徐々に各地域で勉強会が立ち上がると面白い。そうできるように、Facebookグループで地域ごとの人集めができるようなインフラを提供する。

こういう場があれば、結構挫折せずに英語の勉強を続けられる状況が作れるのではないだろうか。

必然性を作る
具体例5

留学生や日本に来た外国人に、日本について説明する

英語を話せるようになるには、何と言っても、必死になって誰かに説明することが必要だ。そういうことが何度かあると、いつの間にかなんとか英語でコミュニケーションできるようになる。

必死になって説明するという状況をどうやって作ればいいだろうか。いろいろあるとは思うが、私は、日本語を話せない留学生や日本に来た外国人に対し、日本について説明するのが一番いいのではないかと考えている。

相手は日本のことを知りたがっている。まだ何も知らないので、日本人の考え方や日本の習慣などについて聞きたいことが山のようにある。しかも、日本語は全くしゃべれない。

日本に対して誤解していること、大いに美化していることなどもあり、素《す》っ頓狂《とんきょう》な質問もあるだろうから、日本人としては、その誤解を解消したいという気にもなる。

しかも、こういう状況のときは精神的優位に立ちやすいので、あまりびびらずに英語で話すことができやすい状況だ。情報量はこちらが圧倒的でありホームグラウンドなので、英語で話すハードルが下がる。そうこうしているうちに、英語でコミュニケーションすることに対しての抵抗感や照れがなくなっていく。

日本語を話せない留学生や日本に来た外国人に会う方法はいくつもある。まずは、留学生の多い大学の「留学生の夕べ」などの交流会への参加や、イギリス系あるいはアイルランド系のパブなどがある。スポーツバーも外国人が集まることが多い。特に、サッカーやラグビーの試合だと日本に来たばかりの外国人も集まり、その場で盛り上がりやすいので、友達になりやすい。

LinkedIn というネットワーキングサービスがあり、海外では圧倒的な人気を誇っている。Facebook はよりプライベートなネットワークを重視しているが、LinkedIn はビジネス上のつながりを提供してくれる。そこには非常に多くのコミュニティがあり、例えば Foreign Professionals in Japan などで検索することでコミュニティに参加したり、直接メールをやり取りして知り合うこともできる。

「国際交流パーティー」も各地で開催されているが、ナンパの場になっているところも多いようなので注意しながら参加されたい。

必然性を作る 具体例6

留学生や日本に滞在する外国人に、日本語を教える

英語の勉強をするには、必ずしも英語を教えてもらわなくてもできることがある。「留学生や日本に滞在する外国人に日本語を教えることで、英語を使わざるを得ない環境に身を置く」というものだ。

英語と日本語を交互に教え合う、というやり方が普通に思いつくことだが、どちらかおしゃべりなほうが多くしゃべることになりがちであるし、英語を学びたい側と日本語を学びたい側がぶつかり合うことにもなるので、私はちょっと微妙だと考えている。

そうではなく、割り切って、日本語を徹底的に教えるのだ。相手が日本語を知らなければ知らないほどよい。なんだかんだで英語で説明するしかなくなる。相手もこちらも必死なので、英語への照れなど感じているひまがない。

本気で日本語を教えると、教え方がうまくなる。「なぜこんなことがわからないのか」

と考えたり、「なるほど、こういえばわかってもらえるのか」という発見もあり、日本語の教え方が非常にうまくなる。

そうなると、評判を呼び、次々に日本語を学びたいという日本語のできない外国人がアプローチしてくる。外国人はそれぞれの国の人がしっかりつながっているので、後輩や友人が来日したときは、「日本語を教えるのが非常にうまい、素晴らしい日本人」ということでコンタクトされる。

そういう人とは当然英語で話しながら日本語を教えることになるので、どんどん英語を使う機会が増えていく。来日したばかりの外国人は日本語がほぼできないので、恥ずかしくなく英語で日本への手ほどきをしてあげることができる。

日本人が英語を使う際に、こういう外国人に対する精神的に優位な状況がとても大事だと考えている。

必然性を作る
具体例7

英語での講演を依頼され、引き受ける

英語を使う必然性の一番高いものは、英語での講演を依頼されることだ。日本に関しての講演を国内で依頼されることもあれば、海外、特にインドネシア、シンガポール、台湾、ベトナム、インドなどアジア諸国で依頼されることもありえる。

私はマッキンゼー時代に韓国で仕事を始めて7年ほどした頃、インターネットやeコマースについての講演を依頼された。韓国語で講演できればベストだったがそれはさすがに無理だったので、何とか英語で実施することにした。

「英語の講演なんて、赤羽さんだから依頼されるのであって、自分には無縁の世界だ」というツッコミが入りそうだが、そんなことはない。アニメ、漫画が大好きな外国人は非常に多く、ワールドカップで有名な選手が何人も『キャプテン翼』を読んでサッカーを始めたと発言している。『ナルト』『ドラゴンボール』なども大変な人気だ。

相撲や柔道に関心のある外国人も多い。富士山や京都の美しさはもとより、和食の美し

さ、日本人の清潔さ・親切さなどに対しても強い関心を持つ外国人は多い。外国人の知り合いが一人でき、二人でき、徐々に留学生・外国人コミュニティに出入りするようになると、日本に関しての講演を依頼されることが増えてくる。

種まきをしておくと、少しずつ英語の講演を依頼されるところに近づいていく。

英語での講演はもちろん容易ではないが、プレゼン資料を自分で納得できるように準備しておけばそれを読み上げることで何とか格好がつく。英語でのプレゼンは字を詰め込んではいけないとか、スティーブ・ジョブズの講演はキーワードだけだとか皆言うが、ネイティブでない人にとってそのようなことはあまり気にしないほうがよい。発音もたどたどしく、話すスピードも遅いのだから、重要なポイントを資料に書いておかなければうまく伝わらない。

しかも、スティーブ・ジョブズの場合、毎年1月の大々的なカンファレンスの前、数カ月も原稿を練って練習に練習を重ねた結果の感動的な講演だ。全社を挙げての商品開発であり、まばゆいばかりのプロモーションを合わせてのものなので、講演部分だけ見ても全く意味がない。百年前の複葉機と世界最先端のジェット機、たき火と火力発電所を比較するようなもので、状況が違い過ぎる。

日本人にとって大切なことは、何でもいいから英語で講演することだ。英語で発信する日本人があまりにも少ないので、どんなことでもいいから講演の機会をとらえて発信すると喜ばれる。恥をかくのが嫌だ、ということはあるだろう。横で見ているわけ知り顔の日本人から中傷されることもあるだろう。

それでも、勇気を奮《ふる》って、英語の講演をするほうがよい。私も最初の何回かは目も当てられないレベルだったはずだ。ところが、ただの一度も大恥をかいた記憶がない。単に忘れただけだろうということではない。大恥をかけばそう簡単に忘れられるものではないからだ。それどころか、講演のいい思い出しかない。私の英語でのプレゼンは、韓国での数回、台湾での数回、インドネシアでの数回、トルコでの数回、インドでの10数回しかないが、だいたいは、大歓迎された思い出だ。

そもそも、どれほどたどたどしくても、発信がほとんどない日本人がわざわざ来て謎の国、日本や日本企業に関して講演してくれる状況だ。そういうものを馬鹿にするカルチャーはどこの国にもないと断言できる。

一方、日本人はそのような努力をあまり尊重しない傾向がある。特に、同じ日本人が下手な英語で何かを一生懸命に言おうとしていると、揶揄《やゆ》しかねない。揶揄しないまでも、恥ずかしそうにしたり、「よくやってるなあ」という感じで斜に構えて見ていたりする。

これもまた、他の国の人にはほぼ見かけない態度だ。

なので、そんなことを気にしていてもしょうがない。英語での講演にチャレンジすれば、日本人以外に高く評価され、日本の印象をよくし、グローバルな仲間入りができ、自分も楽しい思いができる。

それが英語を話せるようになる最も近道でもある。講演すれば、多くの人が駆け寄ってくれて、話をしたがる。その後のカクテルパーティーなどでも熱心に話しかけてくれるので、退屈な勉強を頑張ってするという感覚なしに、自然に英語を使う環境にはまっていく。

勘違いしないでほしいのは、「英語ができるようになったら英語の講演をしよう」ではないということだ。それでは順序が逆だ。英語のレベルアップのために、今の英語力で英語の講演をするのだ。

英語での講演の課題は2つある。一つは、講演資料の準備で、ワードでの手元資料ではなく、パワーポイント、Keynoteを使った立派なプレゼン資料を作るほうがよい。言いたいこと、伝えたいことを全部そこに盛り込めば、自分の話がどれほどたどたどしくても見て伝わるからだ。また、図、写真、動画をふんだんに使用することで、言葉以上に伝わることも多い。

内容のある、比較的文字の多いプレゼン資料を作るメリットがもう一つある。それは、その資料をその後、相手の組織内で広く共有してもらったり、Facebook、Twitter、ブログ、スライドシェア（http://www.slideshare.net/）などで公開する際に、効果的に伝わることだ。

もう一つの課題は、質疑応答だ。慣れないうちは質問を通訳してもらってもよい。通訳が必要なくても、わからないときは何度でも聞き返せばよい。第5章で述べる「質問・回答集」を作っておくことも必要だ。質疑応答が心配で英語の講演を引き受けないとしたらもったいなさ過ぎるので、ここはこれらの方法で何とか対応していただけたらと思う。

必然性を作る 具体例8　日本の文化、歴史、最新事情について発信する英語ブログを書く

英語での講演機会は非常によいが、そうそうあるものではない。海外との接点があるビ

ジネスの方、趣味の世界で海外にでかける機会のある方、国内で外国人コミュニティに接点があり、たまたま講演を依頼された方などにどうしても限られてしまう。回数やトピックなども自由になるわけではないので、自分のレベルに合わせて好きなように講演機会を得られるわけではない。

ところが、自由自在に英語を使う機会、必然性を徐々に強めていく機会が実はある。日本の文化、歴史、最新事情について英語ブログで発信する、という方法だ。

英語が使えなくて困っているのに英語ブログなんか、という人がほとんどだとは思うが、これこそ究極の英語を使う機会だ。英語の中級者以上で、頑張ればなんとかかんとか文章を書ける、という人であれば、トライしてみる価値は十分にある。

何しろ、日本人が英語でブログを書くことはまずない。アニメ、マンガ、日本食などに関してもモノとして伝わってはいても、日本人ががんがん発信しているわけではない。日本人以外の人がどれほどアニメやマンガが好きでも、どれほど、日本の文化や歴史に興味を持っても、日本人による英語での発信を見つけることはあまりできない。

音楽ファン、サッカーファン、プロ野球ファン、アメリカンフットボールファンなど、熱心であればあるほど、皆、現地からの情報発信に飛びつき、最新情報を誰よりも早く知りたいと思うだろう。日本語の記事になっていないアーティストや選手のとっておきの情報を知りたいと思うだろう。

同様に、世界中にいる日本ファンは、日本人によるディープな発信を切望していると思う。もちろん日本好きの外国人がアニメについて英語で書いたものはあるが、それらはやはり日本人としての理解と説明とは大きな差がある。逆の立場だったら、やはり日本人の説明、解説を聞きたいと思う。

といっても、英語でのブログ記事を書くのはハードルが高い。日本語のブログを書いていない人にはさらにハードルが高くなる。その場合、まずは日本語でブログを書き始め、書くことにある程度慣れてきたら、ときどき英語のブログもはさんでいく、というのが現実的かも知れない。

ブログを書くといろいろなところで好循環が始まるので、お勧めしたい。

例えば、こういうステップが考えられる。

1 一 日本の文化、歴史、最新事情について、自分が好きな、あるいは得意な分野でどういう英語ブログを書けそうか、タイトル案を10個ほど書いてみる

2—タイトルを決め、Googleで検索して日本語の記事を数十個読む。関連するキーワードをGoogleアラートにも登録して、最新情報が常に流れてくるようにする
3—そのタイトルに関して、日本語で要点をざっと書く
4—それを見つつ、英語で何とか書いてみる
5—ネイティブあるいはネイティブ並みの友人に見せて添削してもらう。彼らは遠慮してしまうので、決して遠慮せず添削するよう、強くお願いする

というものだ。4がどのくらいできるかはそれぞれの英語力によるが、どちらにしても誰かに直してもらうので、何でもいい。70点の英語を書ける人もいれば、20点の人もいるはずだ。ただ、内容についてはよくわかっているので、何とか書ける。何でもいいから英語ブログに仕立て上げる、それによって好循環を起こす、ということだけが目的だ。

もちろん、5の「ネイティブあるいはネイティブ並みの友人」を事前に得ておくことは必要だ。ただ、それにもいろいろな方法がある。「留学生や日本に来た外国人に、日本について説明する」でもいいし、「留学生や日本に滞在する外国人に、日本語を教える」でもいい。社内にも結構いるはずだ。そういう中で知り合ったネイティブスピーカーや、一

応英語で生活している非英語圏の人を見つけて頼めばいい。

英語を日本人ほどむずかしく考える人はあまりいない。ネイティブでない人も適当に、あるいは生きるために英語をマスターし、少しくらいおかしくても何も気にせず使っている。使っていれば上達する。

こうやって、何でもいいので、英語のブログ記事を出し始める。記事の最後にメールアドレスあるいはFacebook名・URLなどを載せ、コンタクトしてもらえるようにしておく。そうすれば、遅かれ早かれ、日本に関心のある外国人からコンタクトがあるはずだ。

英語記事1つ2つでは誰にも見られない場合もある。それでも何度も続けていくうちに、続けているということに価値が出て、必ず反応を得られる。そうする中で、英語を使う必然性がどんどん高まっていく、というのがねらいだ。

第3章

3カ月集中して1カ月休む

英語の勉強は、細く長く続けられなくて当然

この章では、「挫折しない英語学習」のための3つの提言の二番目、「3カ月学んで1カ月休む」ことについて詳しく説明する。

英語の勉強をしようと思ったことのない人は、たぶんあまりいないだろう。中学高校の6年間、かなりの時間、英語の勉強をしたことになっているが、普通は使いものにならない。それには、はっきりした理由がある。

英語ができなくても、差し当たり何も困らないからだ。

英語ができてもすぐ何か言いことがあるわけではない。海外のように、英語で話す、英語でやり取りすることが必要だったり、そうすることで収入が何倍かに増えたりする国ではなく、日本語で完結しているし、ほとんどの場合、キャリアアップにもあまり関係してこない。

外資系によっては英語が足切りになる場合もあるが、他のオプションもいろいろあるの

で、一部の人以外、本当の意味でそれほど気にしていない。

こういう、英語が重視されていない状況で、英語の勉強を細く長く続けられないのは当然だ。勉強意欲を高く保ち続けるのは、非常にむずかしい。一時的にはよくても、継続することはさらにむずかしい。英語を勉強する理由が別にないからだ。勉強する理由がないのに勉強したくなるような、とてつもなく楽しいものでも全くない。わくわくする要素が何もない。

3カ月なら何とか集中できるはず

細く長くがむずかしいとしたら、もっと短期、例えば3カ月だけ区切って英語を勉強しようというのはどうだろうか。3カ月なら何とか集中力が続くのではないだろうか。

英語があまりできないときは、いつまでやったらいいか先が全く見えないし、記事や動画を見てもよくわからないから、楽しくないし気が重い。こういうとき、3カ月と割り切れば、少し取り組みやすくならないだろうか。3カ月であれば、時間確保も少しやりやすくなる。

ビジネスパーソンは、普段から仕事や生活に追われている。やるべきことが常に溜まっている。そういう中で英語の勉強をするのは、そもそもかなり無理がある。いつまでに何をやるべきかよくわからなければ、集中してやり遂げることもできない。

ずっと続けるのではなく、3カ月集中したら1カ月休むようにすれば、もう少し日々の仕事、生活の中に組み込めるのではないだろうか。1カ月の休みの間には、それまでに溜まったことを整理し、気分的にもすっきりする。

時間を決めれば、英語の勉強をしなくてはと常に思い続け、実際はできずに後悔しつづける、ということがなくなっていく。やると決めたのにやりきれなかった、という気分にもあまりならない。3カ月は集中するがその後1カ月は休憩し、余裕ができるというほうが精神衛生上、ずっとよいと思う。

1カ月あえて休みを入れることにより、3カ月間、集中しやすくなっていく。

「たった3カ月だけ勉強してもだめだろう」という思い込みがあると思うが、実はそんなことはなく、もし3カ月集中し、本気で英語の勉強をすると、かなりレベルアップする。

目標を決めず、だらだらと続けているのとは違う、はっきりとした成長を遂げることができる。自信もかなりついてくる。

「3カ月だけ集中して取り組む」という計画なら、ビジネスパーソンには比較的体にしみついた仕事の進め方ではないだろうか。3カ月のプロジェクトはよくあるものだ。それだったらペースがだいたいわかっているはずだ。

3カ月と期間を区切ることで、プロジェクトとしてとらえる。そのほうが、「そのくらいならできるだろう」という気持ちにもなりやすいし、普段の習慣で何とかやり続けることができるのではないだろうか。

3カ月間にどこまで勉強するか目標を立てる

「今年は絶対英語を勉強するぞ。TOEIC150点アップが目標だ」などと言って希望的観測のみで英語に取り組もうとしても、ほぼ間違いなく失敗する。この本を読んでくださっている方々は、そういう失敗も経験されてきたのではないかと思う。

期間・期限・必達目標のないプロジェクトは、英語に限らず、通常だいたいあまりうまくいかない。いつまでに何をすべきなのか、何をどこまでどうやって達成すべきなのか、何を犠牲にしてどのくらいの真剣さでやるのか、何も決めていないからだ。

特に英語のように、多くの人が苦手意識を持ち、中学、高校合わせて6年間も勉強しても全く英語を話せない人がほとんどのようなものは、目標だけ立ててもどうにもならない。すでに失敗体験だけ豊富にあるので、苦手意識も強くなっている。

そうではなく、3カ月と期間を定め、その間集中して取り組んでみてはどうか。3カ月なので12週の間、毎週何をどこまでやるのか決めてやり遂げていくやり方だ。

例えば、左記のようなことである。

1　動画を視聴する

3カ月間、毎朝毎晩1時間ずつ、英語の動画を真剣に見る。YouTubeでも、CNNニュースでも、TVドラマでも何でもいい。自分が大好きな分野、関心の強い分野に関して見る。通勤・通学時間でもいいが、できれば自宅で落ち着き、集中できる状況で真剣に聞く。一言一句聞き漏らさないつもりで聞く。最初はわかってもわからなくてもいいので、耳を慣らしていく。

土日はできれば朝晩2時間だとなおよい。そうすると3カ月で200時間以上、英語を集中して聞くことになる。自分が大好きな分野、関心の強い分野だと、好奇心が強く、楽しく知識が増え、言葉にも馴染みが生まれ、人の名前も耳で聞き分けられるようになるので続きやすい。

2 英語記事を見る、眺める。タイトルをA4メモに書く

自分が大好きな分野、関心の強い分野でのキーワードで検索し、出てくる英語記事をクリックして、100個くらいは眺めてみる。さらに、それらのキーワードをGoogleアラートに登録して、毎朝流れてくる記事を眺める。

Googleアラートは、Googleが提供している無料のサービスで、登録したキーワードに関して、漏らさずに記事を送ってくれる。言語指定ができるので、例えばレディー・ガガ

が好きなら、彼女の名前、ヒットソング名、人気のあったアルバム名などをキーワードとして、英語の記事を設定する。

最初は何もわからなくても構わず、毎朝届く記事のタイトルを見て、できればなるべく多く、ざっと目を通す。

目を通すまでいかなければ、ただ眺める。数十記事を見ていると何となく何を言おうとしている記事かがわかり始めるので、タイトルや見出しなどをA4用紙に書き留めていく。パソコンで打ち込みたい誘惑もあるかと思うが、手軽さ、スピード、書いた紙が増えていくことによる充実感などから、あえて手書きをお勧めしたい。

自分の大好きな分野、関心の強い分野での記事で、好きなアーティスト、好きな選手、好きなトピックに関することなので、結構楽しくできるのではないかと思う。最初のうちは、何が何だかわからなくても気にせず、タイトルや見出しを書いたA4メモが増えていく。

記事のタイトルをA4メモのタイトルとして書き、気にいったフレーズや、何となく大事そうなことを数行ずつ書き写していくのもよい。記事ごとに別のA4メモにしていく。

日がたつにつれ、こういったメモが10ページ、20ページと増え、100ページになる頃にはかなりの土地勘ができ、言葉も何となくわかるようになり、何より自信が少し湧いてくる。

大好きな分野、関心の強い分野についていつも最新記事を読み、アーティストや選手、フォローしている著名人の活躍や気持ちが手に取るようにわかってくるので、日本語になる記事がいかにわずかで、しかも遅く、場合によっては誤訳があったり不十分だったりということが痛切にわかってくる。

「何でみんな同じことしか書いていないんだ。こんなこともあんなこともあるのに。真剣に調べてないな。ファンじゃないし、プロでもないんだな」という感じになってくる。

なお、Googleアラートは英語学習、特に「読む力」を鍛えるための強力なツールなので、第5章で再度解説したい。

同様に、A4メモについては第6章で再度解説したい。

3 動画を見ながらシャドーイングを始める

自分が大好きな分野、関心の強い分野の記事、動画ばかり読んだり見たりしているので、だんだんリズムが頭に入ってくる。言葉が少しずつ聞き取れるようになってくる。その段階で次に始めるのは、シャドーイングだ。

シャドーイングとは、英語を聞きながら、同時に小声で同じ言葉を言ってみることだ。まずは慣れるために日本語でやってみよう。ニュースでも何でもいいが初めてだとかなりむずかしい。日本人相手でも最初は3分の1もできないと思う。ただ、やっているとだんだんこつがわかってくる。不十分でもシャドーイングをやろうとすると、聞こえてくるすべての言葉に注意を払う習慣がつく。

英語のシャドーイングはさらにむずかしくなるが、米オバマ大統領の演説など、一般に演説やインタビュー番組はわかりやすく、ゆっくり発音しているものが多く比較的やさしい。それを何度も聞き返しながら耳と口を慣らしていくとよい。

シャドーイングはなかなかうまくできないと思う。ただそれでも構わない。シャドーイングをしようとする気持ち、取り組みにより、英語の単語がはるかに耳に入ってきやすくなるからだ。

1カ月休むと、英語を勉強したくなる（はず）

3カ月集中して勉強したら、1カ月あえて休む。1カ月英語を勉強しなくていいとなったら、気分も明るくなる。3カ月頑張った結果の1カ月の休みだ。英語での情報収集に慣れてきて、もし、「嫌だ、休みたくない」というレベルに来ていたら、それはもちろん素晴らしい。好きにすればいい。

休んでいる間は、急に毎日2時間ほど余裕もできるので、気分よく、リラックスしていろいろなことに取り組める。3カ月間英語に集中したために積み残したことも片付けることができる。そうすると、「あれをしなくっちゃ」「これが2カ月たってもまだできない」といった、英語勉強の結果として生じるストレスをあまり感じずにすむ。

また、始終、「英語を勉強しなくては」という思いが続くのに比べて、よほど気が楽になる。「ああ、英語の勉強をしなくていいんだ。やっとのんびりできる」という感じで、リラックスできる。英語の勉強から来る負担感がすーっとなくなっていく。

そうやって1カ月休むと、英語を勉強したくなる気持ちが湧いてくると思う。そうするとしめたものだ。誰にでもある、あまのじゃくな気持ちがうまく作用する。

1カ月の最後の週には、次の3カ月12週間、何を目標にどういうステップで勉強するかをA4用紙1ページに書いておくといい。そうすると、次の3カ月集中して勉強する意欲もより強く湧いてくる。勉強仲間にも宣言しやすい。

新鮮な気持ちで、また3カ月集中する

1カ月休むことで、新鮮な気持ちで次の3カ月に取り組むことができる。こうやって、4カ月単位で回していくと、英語が急激に楽しくなってくる。大好きな分野、関心の強い分野の記事や動画を見て、知識も増え、好奇心がますます強くなっていくからだ。

こうやって続けていくと、英語の記事を読んだり、動画を見たりがあまり苦ではなくなっていくので、自然な形で英語が日常に入り込んでくる。

英語の記事が読めて、動画が理解できるようになると、自然に話す力、書く力もついてくる。そうすると、外国人との距離感がだんだんと小さくなっていく。「英語を話す」ことが特別なことではなくなり、自然に挨拶もミーティングの司会もできるようになっていく。

英語はここまで来るのが一番大変だ。面倒であり苦痛でしかない。いったん自転車に乗ることができるようになれば、特に何の問題もなくどこにでもすいすい行けるようなもので、早くその段階までこぎ着けたい。そうすれば、一気にとても楽しくなる。

それを目指して、3カ月間、大好きな分野、関心の強い分野の英語記事と動画に集中し、1カ月休み、また3カ月間、英語記事と動画に集中し、1カ月休み、を繰り返していってほしい。

これまでの英語の勉強は、勉強のための勉強であり、いくら勉強しても楽しくないものだった。そうなると余計に勉強が続かないので、何も楽しくなく、つらいことが多かった。しかも、英語の勉強に終わりはなかったので、だらだらと継続するしかなかった。休みもない。いつも勉強しなければという気持ちのまま、実際は勉強にも集中できず、リラックスする時間もない。

これを根本から変えていこうではないか。

第4章

仲間を作って一緒に勉強する

一人で続けられる人は少数

この章では「挫折しない英語学習」のための3つの提言、最後の「仲間を作る」について解説する。

単調な英語の勉強を一人で続けられる人はあまり多くないと思う。勉強しても何かにすぐ役立つわけではないので、一人で続けられるのはよほど真面目で、努力型の人だけになる。

これは、勉強熱心でないとか、真剣さが足りないとか、そういうことではない。単調でつまらない英語の勉強を一人で続ける、ということ自体が非人間的とも言えることだからしかたない。

英語の記事がある程度読めて、CNNニュースなどもある程度はわかる人だとしても、日本語のほうがよほど楽なことに違いはない。ぱっと見ただけで漢字が目に飛び込んでくる。日本語のささやきが聞こえ、漢字が浮かんでくる。

そういう状況で、一人でこつこつ単調な英語の勉強を続け、ビジネス英語として役立つまで続けられる人は少数だ。

私も、英語に限らず、一人で続けようとして続かなかったことがいくつもある。大したことではない。毎日、量子力学の本を30分勉強しようとか、朝晩、柔軟体操をしようとか、毎日、腕立て伏せを30回、腹筋を50回やろうとかそういうことだ。炭水化物ダイエットをしようと心に誓い、2日くらいで我慢できずにラーメンを食べたことも何度もある。私はこういうことに関して意志が強くないので、一人でやろうとして続いた試しがない。

仕事に忙しい毎日を送っているビジネスパーソンが、効果がすぐに見えるわけではなく、それほど楽しいことでもなく、むしろつまらなく苦しいことに対して、慌ただしい中で毎日時間をなんとか割《さ》き、一人で続けることは容易ではない。

一緒に勉強する仲間を身の回りで見つける

そういう状況で、何と言ってもお勧めは、大好きな分野、関心の強い分野が一緒で、

「もっと徹底的に知りたい、もっと早く知りたい」という気持ちの仲間を身の回りで見つけることだと考えている。

身の回りという意味は、月に数回、集まろうと思えば集まれる距離のことで、会社の同僚、同級生、友人、知人、趣味が一緒の仲間などだ。ただ、必ずしも集まらなくてもいい。集まらなくても、そういう仲間が近くに何人もいるという感覚が励みになる。

フットサルチームや合唱サークルのようなもので、好きな人はなんだかんだで集まっている。英語の勉強に関しても、そういうサークルを作ってみてはどうだろうか。もちろん、無味乾燥な苦行の英語ではなく、「大好きな分野、関心の強い分野をもっと徹底的に知りたい、もっと早く知りたいため、英語で記事を読みたい、動画を見たい」人の集まりだ。例えば、

・FCバルセロナが大好きで「英語でもっと知りたいグループ」
・クリスティアーノ・ロナウドが大好きで「英語でもっと知りたいグループ」
・テイラー・スウィフトが大好きで「英語でもっと知りたいグループ」

などが、各地域それぞれで生まれる。東京だとかなりディープな分野も含めて数十に分かれるかも知れないし、集まる場所も最初は1カ所でも、人が増えるにつれ、渋谷、新宿、池袋、品川、有楽町、六本木などに分かれていくかも知れない。

自分一人ではない、他の人はなんだかんだで頑張っている、という気持ちになれれば、はるかに続けやすくなる。そうすれば、最初の大きなハードルを超えることができて、最初は動きにくかった車輪がだんだん転がり始めていく感じがしてくる。いったん動き始めると、あまり苦労しなくても続いていく。好循環も生まれ始め、どんどん楽しくなるので、挫折しなくなっていく。

インターネットにより、分野ごとに仲間を集めるのは本当に簡単になった。Facebook、LINEや仲間作りのサイトも多数ある。それぞれの分野ごとに10～20人以上いれば、忙しいビジネスパーソンでもスケジュール調整し、何人かで集まることができるようになると思う。

「苦行の英語」だともちろん無理だが、「自分が大好きな分野、強い関心を持っている分野でもっと知りたい、最新ニュースをもっと見たい、海外の人と直接コミュニケーションできるようになりたい」ということであれば、人が集まり、続けやすいのではないだろうか。

読者同士で仲間を作る

この本を読んでおられる皆さんは、

1 — 英語を勉強しようと思い、
2 — 何度も挫折して、
3 — いい加減いやになって、今度こそは続けられればと思い、
4 — 今、この本を手にとってくださっている

のだろうと理解している。そういった人同士で、仲間を作ることができるのではないだろうか。

「忙しいビジネスパーソンでも、大好きな分野、関心の強い分野についてもっと知りた

い、もっと読みたい、もっと聞きたいので英語を使いこなそう」という趣旨を理解されている読者同士なら、けっこう集まりやすいと思う。

「一緒に英語を勉強する仲間がいるといいな」という友人、後輩がいれば、誘うのはもちろん可能だし、それによって輪が拡がっていく。例えば、サッカーのクラブチームのトップFCバルセロナが好きで好きでたまらなくて、もっと知りたいので英語の記事でも動画でも見たいと考えている二人がいたとすると、

「赤羽さんのこの英語に挫折しない本読んだ？」

「読んだよ」

「だったら、一緒に勉強しようよ。FCバルセロナ好きが集まって、日本語にない記事や動画も見ていろいろ話すんだって。そうすれば英語の勉強も続きやすいって書いてあるよ」

「そうだね。やってみようか。FCバルセロナが大好きで、スペインまで行ったやつもいるよ。英語も勉強したがってるから、誘ってみるよ」

「それがいいね。いろいろ教えてもらえそうだし、最高だよ」

こういう感じだ。サッカー好き、というのが先に来る。サッカーがものすごく好きで、

「誰よりも早くきのうの試合の結果を読みたい、きのうの現地のテレビ放送を見たい、メッシのインタビューコメントを知りたい、日本語の記事だとあまりに物足りない」という状況だ。手段として、英語で早く知りたい、翻訳など待たずにすぐ知りたいという強い動機がある。

Facebookグループで仲間を募る

読者同士で集まっていただければそれにこしたことはないが、地域、分野によってはなかなか身の回りで見つけられないこともあるだろう。そのため、「二度と英語に挫折しない会」というFacebookグループを作ったので、読者の皆さんにも参加していただきたい。

Facebookは、月間ユーザー数が世界で15億人超、国内で数千万人にもなるソーシャルネットワークサービスであり、英語に触れるきっかけ作りとしても、英語を勉強する人はぜひとも使い慣れてほしい。利用はすべて無料で、グローバルな世界で活躍したいビジネスパーソンとしては欠かせないツールになっている。

Facebookの機能の一つが「Facebookグループ」と言われるもので、オンラインでコミュニティ作りをすることができる。同じ関心を持つコミュニティ参加者の投稿に対してコメントをしたり、フィードバックをしたり、参加者間のやり取りが自由にできるようになっている。

私としては、読者を中心に大好きな分野、関心の強い分野に関して「英語でもっと知りたいグループ」の参加者を数万人集め、参加された読者が地域ごとにサブグループを作ったらどうかと考えている。

具体的には、地域ごとに誰かにリーダーシップを発揮してもらい、地域分科会立ち上げを募《つの》っていただく。人数が少なければ地域で一つになるが、ある程度いれば先ほどのように、

・ACミランが大好きで「英語でもっと知りたいグループ」浦安分科会
・ネイマールが大好きで「英語でもっと知りたいグループ」世田谷分科会
・ビヨンセが大好きで「英語でもっと知りたいグループ」広島分科会
・ニューヨークが大好きで「英語でもっと知りたいグループ」福岡分科会

などを作っていただければと思う。そのメンバーだけでFacebookグループを作ることで、自分が大好きなテーマに関して地域ごとに、日本語にならない英語での情報を知り、共有をすると楽しいのではないだろうか。

Facebookを食わず嫌いの方がまだいらっしゃると思うが、英語を使いたい、グローバルな環境に少しでも触れたい、という人には非常に有用なツールなので、ぜひこの際、使ってみてほしい。すべて無料だ。以下に述べる点以外、特にリスクはない。

男性に対して、国内外のかなりの美人から次々に友達申請が来ることがある。「あなたのプロファイルに興味を持ちました」などと書いてあったり、メッセージなしで申請が来たりする。これはすべて無視すべきだ。１００％スパムで、にせものだ。友達申請を了承したりすると、自分の友達に被害がおよぶなど何らかの不適切な使われ方をするので、すべて無視する必要がある。だいたい、突然、外国の美人から友達になってほしいと言われるなど、実生活ではほぼあり得ないことがネットで起きることはない。

Facebookが実名制であることを気にされている方もいらっしゃると思う。これは、世界72億人のうち15億人以上がすでに実名で登録し、普通に使用していることなので、実質上何の実害もないと考えていただいてよい。偽名、仮名のユーザーはFacebookが見回っては排除している。

また、日本のアニメ・マンガのファンが世界中から集まっているFacebookグループなども多数あり、もちろんすべて英語なので、英語に馴染む上でも、また日本に強い関心を持つ海外の友達を作るうえでも非常に役立つツールになっている。

Facebookには「Facebookページ」という機能もあり、Facebookグループと同様、非常に活発な使われ方をしている。世界中の多数のアーティストが自分のページを持って自ら投稿をしたり、他にはない内輪話を書いてくれたりしているので、ファンにとっては見逃せない。

レディー・ガガ：https://www.facebook.com/ladygaga/（ファン6153万人2016年2月現在）
テイラー・スウィフト：https://www.facebook.com/TaylorSwift/（ファン7410万人2016年2月現在）

個別のFacebookグループで進捗共有する

前章で「3カ月間にどこまで勉強するか目標を立てる」ことを提案した。その目標を、Facebookの地域分科会で宣言しよう。そして、どの程度進んだか、1週間ごとに進捗共有できるといい。そうすれば、脱落しづらい気持ちになるのではないか。私の周囲では、グループを作って『ゼロ秒思考』のA4メモ書きをしたり、フレームワーク作成をしたりしている仲間がいる。彼らは毎日投稿することで、お互いの頑張りを共有し、刺激しあっている。

結局、ほとんどの人は一人では頑張り続けられないので、効果的な方法だと思う。こういうのは誰かが言い出さないといけないが、言い出しさえすれば、乗る人は思いがけず多い。それが最近のソーシャルメディア時代の反応だ。

3カ月集中してやってみることとしてのお勧めには、第3章に述べたように、

1―動画を視聴する
2―英語記事を見る、眺める。タイトルをA4メモに書く
3―動画を見ながらシャドーイングを始める

などがある。

3カ月後には、英語を実際に使う場を作る

前章で触れた「英語記事を見る、眺める。タイトルをA4メモに書く」。これを3カ月続けると、自分の大好きな分野、関心の強い分野で英語のA4メモが100ページ前後溜まるだろう。3カ月の勉強の仕上げとして、できれば地域ごと分野ごとの分科会のメンバーが実際に集まって、英語を実際に使う場を作れるとよい。「二度と英語に挫折しない会」の地域分科会だ。

私自身は、前述のように、「二度と英語に挫折しない会」を東京で定期的に開催しよう

と考えている。こちらは人数次第だが、分野ごとにいくつかの小グループが生まれていくと思う。私個人としては、

・仮想通貨が大好きで「英語でもっと知りたいグループ」
・ブロックチェーンが大好きで「英語でもっと知りたいグループ」
・Fintechが大好きで「英語でもっと知りたいグループ」
・人工知能・AIが大好きで「英語でもっと知りたいグループ」
・ロボット・自動運転車が大好きで「英語でもっと知りたいグループ」
・ドローンが大好きで「英語でもっと知りたいグループ」

などがあれば参加したいと思う。当面の大関心分野がこの6つだからだ。これらの分野は当然日本語の記事が膨大にあるが、ほとんどが一部の記事の再掲や焼き直しで、英語で読める記事、英語で聞ける動画のごく一部しか日本語になっていない。

一昨年、ITの祭典としてテキサス州オースティンで20数年来開催され、10万人以上が集まるSXSW2014について4つのブログを書いたが、そのとき何百という日本語、

英語の記事を読む必要があり、情報量の決定的な差を痛感したことが原体験にある。「二度と英語に挫折しない会」だが、最初、どこから始めるか。この本が3月31日出版なので、第一陣としては次のように考えている。

1カ月後、5月1日からの3カ月、皆で「せーの」で勉強し、最初の「二度と英語に挫折しない会」を7月末に開催する。そこから1カ月を休み、次の3カ月は9月から11月で、二度目の「二度と英語に挫折しない会」は11月末になる。12月が休みで、次の3カ月は1月から3月で、三度目の会は来年の3月末になる。

つまり、3月末、7月末、11月末の年3回、東京で「二度と英語に挫折しない会」を開催する予定なので、ぜひとも全国各地でも同時に地域分科会を開催していただけると非常に嬉しい。

全国各地で同じ3カ月間、集中的に勉強し、同じ日、同じ時刻に「二度と英語に挫折しない会」として集まり、大好きな分野、関心の強い分野の最新情報を共有したり、英語の勉強の成果やノウハウを披露したり、頑張って英語で発表しあったり、という会だ。かなりやる気が出ると思う。

英語の勉強をどうやって継続したかとか、やっぱり挫折したとかをお互い話した後、自分が好きで3カ月記事を読んだり、動画を見たりして書いた英語A4メモを見ながら頑張って英語で発表する。

「ねえねえ、これ知ってる？　あのさあ」という感じで、ファンとしての裏情報、最新情報を競う、自慢する。これなら結構楽しいのではないか。

英語は電車に乗ることやLINEでメッセージをやりとりするのと全く同じ、ただの道具なので、改まって何かを学ぶとか、しかめつらしい文法を勉強するとかではない。

「知らないことを知ることができて嬉しい」「大好きなスポーツ選手、大好きなアーティストのことをたくさん知ることができて嬉しい」「それを同じく好きな仲間に話せて嬉しい」という感じがよい。だんだん英語への馴染みが増えてくる。

英語の勉強を続けられた理由、挫折した理由をオープンに話し合う

「二度と英語に挫折しない会」は、4カ月に一度、2時間程度のミーティングを想定している。時間の使い方はそれぞれの地域分科会の100％自由で勝手に決めることだが、例

えばこういう時間の使い方はどうだろうか。最初の1時間は、英語の勉強を続けられた理由、挫折した理由を日本語でオープンに話し合う。

やろうとしてできなかったという反省は多くの人がしているだろう。ただ、自分の立てた計画に対してどのように実行できたか、挫折しそうになりながらどう気を取り直して継続できたか、について勉強仲間と話し合ったことがある人はそれほど多くないと思う。

また、挫折した理由も普通はあまり人に話したりしない。格好いい話でもないし、英語を勉強しようとしていたことや、英会話学校に通っていたことなど、むしろ話題に出さないようにするのではないだろうか。

「二度と英語に挫折しない会」では、そういった話も遠慮なくすべきと考えている。躊躇せずに開けっぴろげに話すことで、「なんだ、自分だけじゃなかったんだ」「そういうやり方をすると、誘惑に勝てそうだなあ」「え? 自分はなんとかクリアしたけれど、うまくできない人が多いんだなあ。自分は結構できてたんだな」といった感想を持っていただく。

これにより、驚くほど心に余裕ができ、自分に対する自信が生まれる。多くの人が自分に自信を持てずにいるが、これは親や教師や上司がほとんど褒めず、欠点ばかりあげつらっていたからではないだろうか。

毎日叱りつけたり、馬鹿呼ばわりしたり、罵声《ばせい》を浴びせたりしていた結果、本当は十分有能で、いろいろな可能性を持っているのに、「自分なんか」と思い込まされている人が多いと日々残念に思っている。

こうなると、思ったことを気兼ねせずに発言する、ということがほとんどできなくなってしまう。友達や同僚と愚痴を言い合うことはあっても、真正面から自分が努力した内容を共有したりはしない。だから、「二度と英語に挫折しない会」のような会で、4カ月に一度、割合率直に意見交換をすると、かなりの発見があり、やる気も出てくるのではないかと考えている。

ちなみに、人の挫折経験、失敗経験を聞くと、優越感を感じて心の余裕ができるのか、かなり刺激になり、やる気が出てくるし、同じ間違いを避けようとするので一石二鳥だ。

英語で話す内容を「英語での情報収集」と「英語A4メモ」で準備しておく

「二度と英語に挫折しない会」の後半の1時間は、自分が好きで3カ月フォローしたテーマに関しての英語の情報収集の中で書いた英語メモを見ながら、適当に英語で話す。最初は読んだ記事のタイトルやポイントを大きな声で読み上げるだけでもよい。「ええ？　本当？」というようなニュースも含まれるので、それだけでも楽しい。

一人ひとりの英語力にもちろんよるが、好きなテーマで集まっているので、話はものすごく盛り上がるし、英語力が低くても人よりいいネタを見つけてきた人が尊敬されるので、バランスが取れる。

それに向けての「英語での情報収集」と「英語A4メモ」だ。

大好きなアーティストやサッカー選手に関しては、最新情報だけではなく、生い立ちから趣味嗜好《しこう》まで何でも知りたいのが、たぶん普通だろう。そういう情報は一部しか日本語で紹介されていない。動画にいたってては日本語字幕つきのものはたまにしかない。ごくわずかの記事が使い回されているだけなので、たどたどしい英語力でも生情報を貪欲《どんよく》に集めた人のほうがよほど特ダネを持っている。

こうやって得た情報は、A4用紙にメモの形で書き溜めていくとよいと考えている。

下手な英語でぶつけ合う

「英語での情報収集」と「英語A4メモ」で準備したら、「二度と英語に挫折しない会」の後半1時間はともかくそれを片言でいいのでぶつけ合う。英語のメモである限り、読み上げればいいのだ。I found an article regarding ~と言って始めればいいので、誰でもできる。

下手な英語でもなんでもいい。下手だと言うのは自分だけで、相手は何も考えていない。「この人は何を言おうとしているのか」ということだけ理解しようとしている。少なくとも、日本人以外は皆そうだ。だから、適当な英語でもともかくしゃべれば、どんどんうまくなっていく。

日本人は、正確な英語、正確な発音ができないことを気にして、アジアや東欧、中南米など他の国の人に比べてあまり話さない。話さなければ英語力が上がることはない。英語の世界に下手も上手もない。日本人だけが意味のない恥の気持ちで悪循環を起こし続けている。もうそんなことはやめよう。文法なんかどうでもいい。発音なんかどうでもいい。しゃべっていれば、勝手にうまくなる。しゃべらなければ6年間、学校で無理矢理勉強させられても役に立たないままだ。

著者が主催する、4カ月ごとの「二度と英語に挫折しない会」にできれば一度参加する

7月末、11月末、3月末に東京で「二度と英語に挫折しない会」本会を開催することは前述した。最初は10人か20人かも知れないが、当分続けていく予定なので、地方の方もできれば一度は参加してほしい。

一度参加して雰囲気がわかれば、後は似たような雰囲気、構成で各地域で同時開催していただくことができるし、そうなれば嬉しい。お互いにお尻を叩きつつ、刺激しあって継

続することができる。

「英語の勉強の本かと思ったらこれはイベントの提案か」という疑問を持たれる方もいらっしゃるかも知れない。まさにその通りだ。英語の勉強法は無数にあるし、英語学校、スカイプ英会話、英語家庭教師、YouTube動画、英語アプリなどこちらも無数にある。ただ、それほどあってもろくに英語ができる人がいないのは何かが根本的に間違っている。どういう勉強をしてもいいが、英語の勉強に挫折しないためには、皆でネット上およびリアルで集まってお互いに刺激し合うしかないのでイベントの提案をしている。

この本は、本であって本でないというか、「同時多発イベント誘発型、英語の勉強に挫折しない活動の仕掛け」とでも言うべきかも知れない。「日本の皆さん、英語の力をつけたければ、ぜひこうやってみんなで一緒に楽しいことをしましょう！」というような感じだ。

本は読むもの、というのが通常だが、私のこの本は、一緒に英語の勉強を継続する仲間作りと一緒に勉強をやり続けるためのマニュアルであり、行動計画書だと理解してほしい。

第5章

短期間で
レベルアップする勉強法

この章からは、私がこれまで実践してきた英語学習法をできるだけ具体的に紹介したい。

この章では「聞く力」「読む力」「話す力」「書く力」の4つの力の鍛え方を具体的に説明するが、英語学習で大事なことは、一定量を集中して勉強することだ。第3章で提案した「3カ月」を一つの目安にして、とにかく集中して実践してほしい。

聞く力の鍛え方

自宅で朝晩1時間、集中して、関心あるテーマの動画をYouTubeで見る

聞く力をもっとも手軽かつ確実に強化する方法は、自宅で朝晩1時間、集中して大好きな分野、関心のある分野の動画を見ることだ。YouTube、YouTube以外のネット動画、Podcast、DVD、TVなどがあるが、多分、YouTubeが一番手頃だと思う。コンテンツが

大変に豊富で、長さも10分程度から1時間前後のものもあり、簡単に見ることができる。

検索すればYouTube動画をダウンロードできるサービスもいろいろあり、簡単にダウンロードできる。そうすると1・5倍速などで見ることができるのでいろいろメリットがある。

まずは、早回しすると同じ時間でより多くの英語のヒアリングができる。あるいは短時間で同じ量の英語を聞くことができる。

また、早口に慣れるので自信になる。1・5倍速で聞いた後に本来のスピードに戻すと、一語一語、はるかに確実に聞き取ることができるようになる。加速度試験のようなものだ。2倍速はちょっとむずかしい。

リスニングに関して「ながらリスニング」を奨励しているところも多いが、私はあまり賛成できない。音楽ではないので、集中しなければ普通は聞き取れない。受験勉強中のBGMとはわけが違う。ビジネスパーソンにとっては、集中して、一語も聞き漏らさないようにするほうが時間を無駄にせず鍛えられるように思う。「ながらリスニング」は一見時間の節約になるが、実際は密度の低い時間になってしまうからだ。

時間が限られているからこそ、徹底的に集中してYouTubeの動画を見るとよい。自分が大好きだったり強い関心のあるテーマをひたすら追っていれば、最初は無理でもだんだん言葉が聞こえてくるようになる。

まだ英語に全く自信がなく、聞いてもさっぱり意味がわからないときは、同じものを10回くらい繰り返して聞く。そうすると少しずつ耳が慣れてくる。好きなアーティストや選手の生の声や最新インタビューだ。当面はそれだけでいい。こういった記事や動画はほとんど日本語になっていないので、ぜひ続けてネタを仕入れよう。

通勤時間も活用

通勤時間も、もちろんフルに活用すればよい。

それぞれの人の好みで、YouTube、Podcast、インターネットラジオなどが役に立つ。電波がやや不安定ならダウンロードしておく必要がある。

ただ、方法はともかく、何より大切なのは、どういう場所でも集中して一語一語聞き取ることだ。日本語であれば集中しなくても全部聞き取れるのが普通だろう。ただ、ネイティブではない我々が聞き取れるようになるためには集中が必要で、それで初めて短時間に成長していく。

洋楽ファンで英語の歌から英語を学んだ方も多いようだ。同じ曲を数十回聴き、歌詞を丸暗記して英語に慣れる、というやり方は音楽好きの場合は効果的であるし、通勤時間の活用としてもいいかも知れない。

要は、自分が集中して英語に触れる方法、楽しんで情報収集する方法をそれぞれで見つけていただきたい。

YouTubeに歯が立たない人は、DVDでTVドラマを

YouTubeにはまだ全く歯が立たない人には、テレビドラマが映画よりわかりやすいので、DVDで繰り返し見ることをお勧めしたい。

テレビドラマでも特にお勧めは、会話量が非常に多いものだ。例えば「アリー・マイラ

ブ」は法廷ドラマであり、恋愛ドラマでもあるので会話ばかりだ。さらに主人公のアリーが大変に早口なので多く聞くことができるし、アリーの発音が非常に明瞭なので、聞き取りやすい。

見方はこうだ。1回目は日本語字幕で見る。2回目は英語字幕で見る。3回目は字幕なしで見る。こうすれば、初心者でも1回目でストーリーがわかった上で2回目に英語字幕なので、少しずつ耳に入ってくる。目でも半分くらいは追えるのではないか。

3回目は字幕なしになるが、初心者でも一部は耳に入ってくる。3回目にまだほとんど理解できない場合は、そのまま4回、5回、6回と繰り返し見ていく。

そうすると、あるとき、急に英語のリズムについていきやすくなる。それを期待して、わかるまで繰り返し見るのがよい。次々に新しいものを見て、どれもわからないというストレスを感じるよりも、同じものを繰り返すほうがはるかに成長を実感できる。

カタカナディクテーションで音をそのまま書き留める

身近で英語がある程度以上できる人がいるなら、カタカナディクテーションをやってみる価値がある。

カタカナディクテーションとは、耳で聞いた音をそのままカタカナで書き留めるやり方で、単語のスペルがあまり書けないとき、あるいは英語の発音に全くついていけないときに音から入るやり方だ。

例えば、

I went to McDonald's with Bob.

であれば、

アイ　ウェンナ　マクダノウ　ウィズ　ボブ

などと書く。なぜこのやり方がよいかと言えば、耳で聞こえてくるネイティブの発音と、学校で習った英語の文の関連がわかるからだ。

もちろん、Iとかwentとかが言葉としてわかればそれはそのまま書けばよい。ただ、マクダノウが何のことかわからない、スペルも全く浮かばない、というときに遠慮なくマクダノウと書くことで一応言語化できる。

しかもそれが英語のできる友人に聞いて、マクドナルドではなくて、マクダノウこそがMcDonald'sのことだと知れば、衝撃的だ。「そうか、マクダノウこそが本当の発音なんだ」ということだ。

カタカナディクテーションをすることで、英語が音として、よりスムーズに耳に入ってくるようになる。英語本来の発音に馴染むようになるからだ。ほとんどの外来語とは大きく異なることが多いため、初心者が非常にとまどう。例えば、「International」という言葉は日本語としては「インターナショナル」と表現されているが、そういうふうに聞こえることはなく、多分「イナナショノー」くらいだ。

カタカナディクテーションをすることで、勘違いしていた発音への誤解を早く解くことができるのが大きなメリットだ。

余談だが、カタカナディクテーションによって英語の発音を顕著によくした、という興味深い例がある。先日、カタカナディクテーションを初めて習った人が、翌朝、自分がカタカナで書き留めた文章を読んでいると、「あら、ずいぶん英語の発音がきれいになったわね」と奥さんに言われたとのこと。間違って覚えた英語の発音ではなく、耳から聞こえてきたそのままをカタカナディクテーションで書き留めていたため、より自然な英語の音に近かった、ということだろう。

ディクテーションにより、一言一句に注意を払う

英語を聞く力をなるべく短時間で鍛えるには、ディクテーションがお勧めだ。ディクテーションとは、聞いた英文を一語一語書き取ることを言う。話し言葉のほうが何倍も速いので、何度か聞き直しながら書き取っていく。

どうしてもわからない言葉は、先ほどのカタカナディクテーションの要領でカタカナで聞いた音のまま書き留めておき、ネイティブスピーカーか、英語ができる人に聞いて確認する。

あるいは、英語の音読サービスを使えば、一人で練習できる。例えば、VOA Learning English（http://learningenglish.voanews.com/）

では、最新ニュースのいくつかが記事として読めると同時に、音としても聞くことができる。まずは記事を見ずに聞きながらディクテーションをする。すなわち、一語一語書き取っていき、何度か聞き返してできる限り自分なりにできるところまで仕上げた後、元の記事と比較すれば、自分一人で確認できる。

他の例で言えば、

Efl.net Improve your English (http://www.efl.net/caol.htm)

では、色々なジャンルに関して、聞きながら書き取った後、記事と比較することができる。こちらは、ワンクリックで数秒前に戻ることができるので、ディクテーションとしてはやりやすいのがありがたい。ただ、内容が古いので、「大好きな分野、関心の強い分野」にもし合えば、ということになる。

例えば、Featureというジャンルには、ジョージ・ブッシュ（米国の第41代大統領、いわゆる父ブッシュ）、マーチン・ルーサー・キング牧師、ウィンストン・チャーチル（イギリスの元首相）のスピーチが掲載されているので、相当に古い。古典といっていいほど古いが、これほど著名な人物のスピーチを聞いてディクテーションを練習するのは、現代史の勉強という意味と、多様なネイティブスピーカーの発音に慣れるという意味から、それはそれでいい経験になるとは思う。

もう少し新しいものということで言えば、こちらは米オバマ大統領の最新までのほとんどのスピーチが網羅されている。

American Rhetoric（http://www.americanrhetoric.com/barackobamaspeeches.htm）

このAmerican Rhetoricというサイトには、これ以外も膨大な量のコンテンツがあるので、英語のディクテーションに興味を持ち始めた方には宝の山だと思う。

ディクテーションを何度かすると、流れるような会話でも、一言一句に注意を払うことができるようになる。言葉がはっきりと浮かび上がってくるようになる。早口がそれほど苦ではなくなっていく。

先ほど、関心のある動画を自宅で朝晩1時間ずつ見ようと提案したが、この時も、一語一語ディクテーションしているつもりで言葉を追ってほしい。

シャドーイングで聞いた音をフォローする

ディクテーションと並んで効果があるのがシャドーイングだ。これは耳から聞こえてくる英語にできるだけ少しの遅れで実際に声を出していってみることだ。

決して簡単ではないが、練習すると、一語一語が浮かんできやすくなる。私もまだあまり得意ではないが、米オバマ大統領のようにゆっくり区切って明瞭に発音してくれる場合は、比較的やりやすい。

私は、もともと理系でエンジニアだったので、正直に言うと政治にはほとんど興味がなかった。ただ、英語の勉強のつもりでオバマ大統領のスピーチを意識して聞き、シャドーイングなどもしているうちに、だんだんと興味を持つようになった。その意味では、「大好きな分野、関心の強い分野」から入ったわけではないが、結果としてかなりの関心を持つようになったと考えている。

その影響で、米国とロシアや中国の関係、欧州と中近東やロシアとの関係、先進国と発展途上国の関係などにも強い興味を感じられるようになったので、内心喜んでいる。こういった分野は日本語での報道に片寄りがあるので、ビジネスパーソンとしてバランスのよい理解をするためにも、英語のナマ情報に触れることがどうしても必要になる。

言葉をある程度追えるようになったら、イントネーションを意識してみよう。どこに力を入れてより大きな音で発声しているかだ。それができるようになると、より自然な英語になっていく。これに関しても、政治家のスピーチはかなり参考になると思う。自分が好きなものに関して、パクリ、ものまねと言われるほどそっくりまねるのがよい。外国人と話すときのネタにもなる。

読む力の鍛え方

多読は必要に迫られないとできない

英語を道具として使いこなすには、どうしても多読が必要になる。多読ができるようになると、必要な情報を英語でもほぼ気にせず読めるようになるし、楽しくもなってくる。多読しているうちに読む速さもさらに上がっていく。

ところが、「Japan Times を毎日端から端まで読むといい」と言われても、あるいは「一つの記事だけでもいいから読み続けるといい」と言われても、また、私が結構長い間やっていたように「Newsweek とか TIME を購読して読めばいい」と言われても、そう簡単にできるものではない。

簡単でないのは、それらが特に必要がないからだ。自分の関心に関係なく毎日来る英語の新聞、毎週来る英語の雑誌は別に面白くも何ともない。それを熱心に読むほどビジネスパーソンは暇ではない。知るべき情報は山のようにあるので、毎日、毎週、ただ送られてくるだけのお仕着せの情報を読み続けることはかなりつらい。

そうではなく、自分が大好きな分野、強い関心を持っている分野で、好きなアーティスト、好きなスポーツ選手、あるいは気になる情報を必死で得ようとするときに自然に多読ができるようになる。これも読みたい、あれも読みたい、となる。読みたければ、多読とか速読とか、そういう気分を重くする言葉自体がなくなっていく。

私自身は、世界情勢に関心を持ち始め、最近、イスラム国や海外のテロに関して気になってしかたがない。これは海外出張の際に生死にも関わることなので、かなり真剣に読んでいる。インドのムンバイ・コルカタには毎年ビジネスプラン作成のワークショップの講師として行っているが、ムンバイは大規模テロも起きた場所なので、ひとごとではない。

また、ビットコインやブロックチェーンをはじめとする仮想通貨革命が今後あらゆる産業を変えると思っているので、非常に強い関心を持っている。こういった分野では、オリジナルの記事はごく一部しかない。そうなると、もっと知りたいと思えば英語で読むしかない。日本語だけにはまったく頼れない。

したがって、毎朝、Googleアラートで届く英語の記事や、字幕などない動画を必死になって読み、見ることになる。知りたいので読んだり見たりしているため、これは勉強ではなく、一種のエンターテイメントとも言える。こういう状況が結果として英語力を高める最高・最強のモチベーションになっている。

つまり、自分が好きなこと、知りたいこと、それをもっと知りたい、もっとちゃんと知りたい、という気持ちから、そして情報に飢えているという状況から、情報を積極的に取りに行く。英語にはそれにこたえるだけの情報が無限にある。

フランス語、アラビア語、中国語などを学ばなくても、英語だけできれば莫大な情報に触れることができ、日本語に比べてはるかにグローバルな視点から情報を得られるのが実にありがたいし、好きなこと、関心を強く持っていることであれば、できる。

「英語だけにこだわるべきでない。他の言語、例えば中国語でもいいではないか」という意見を言う人がいるが、英語は単にビジネス上もっとも広く使われている言葉なので、どうせなら英語をお勧めしたい。

そうしないと、世界最先端の情報に触れることができないし、世界レベルの専門家とやり取りできない状況になっている。

Googleアラートが最適

自分が強い関心を持つ分野で漏れなく記事を読もうとすると、Googleアラートが最適だと考えている。

Googleアラートは、登録したキーワードで毎朝決まった時間に関連記事を配信してくれる。好きなアーティスト、好きなチーム・選手の英語名や、関心のあるキーワードを登録しておく。

登録自体はGoogleアラートのサイトを立ち上げ、キーワードを入れるだけなので、数秒でできる。私の場合は、

Bitcoin
Blockchain
Artificial Intelligence

毎朝、関心のある記事を配信してくれるGoogleアラート

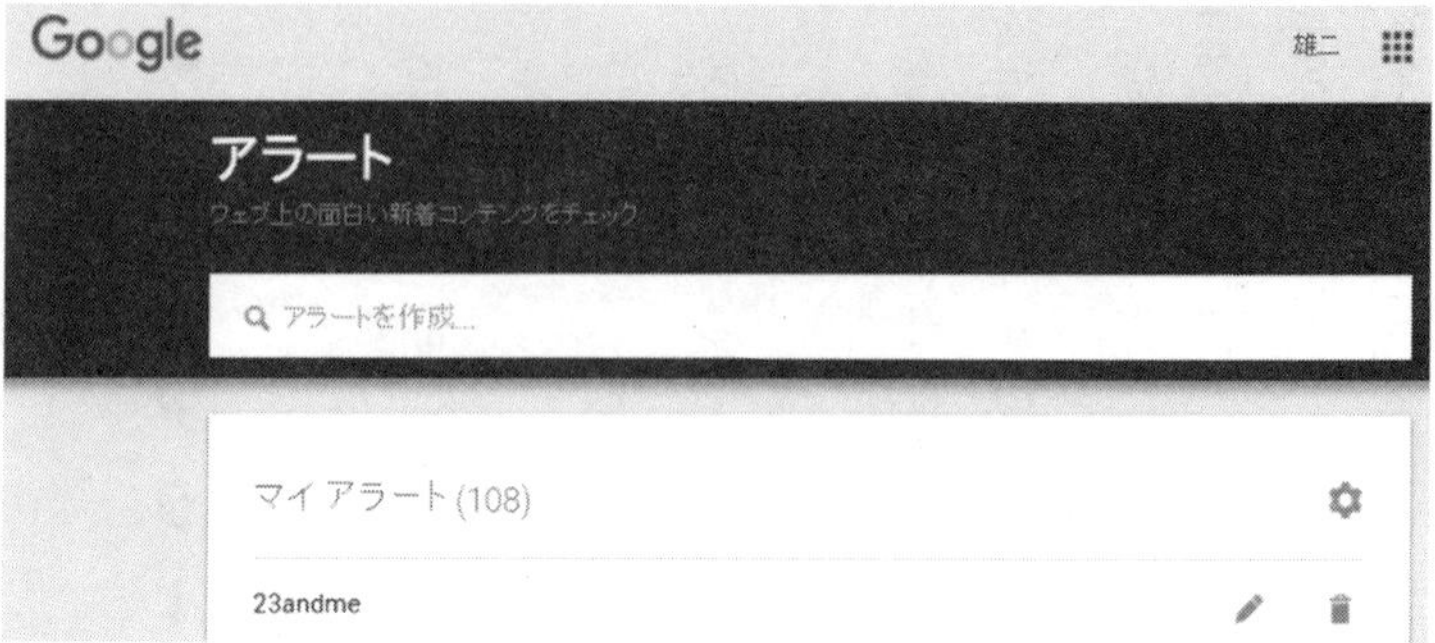

Machine Learning
Deep Learning
Autonomous car
Wearable
Islamic State

など50個ほど登録している。

ここで1ステップ必要だ。これらのキーワードを含む記事のうち、何語の記事を読みたいか指定できるので、英語を選択する。

これでおしまいだ。指定したキーワードを含む英語の記事が毎朝送られてくる。

キュレーションアプリがいくつかあるが、Googleアラートはこちらで設定したキーワードに反応して漏れなく記事を送ってくれるし、つい読んでしまう余計な記事がない

ので、集中を乱されない。

「大好きな分野、関心の強い分野」をフォローするには、Googleアラートが確実に使いやすいと思う。

ニュース記事、ブログ記事に慣れる

最初のうちは、ニュース記事やブログ記事をあまりスムーズに読めないと思う。ただ、「大好きな分野、関心の強い分野」であればタイトルだけでも見続けるのがよい。こういった記事は比較的短文が多く、実は高校英語と大差ない。しかも自分がもっと知りたい分野なので、いわゆる勉強のための勉強にはならない。

最初は記事をざっと眺めるところから始めるとよい。「ああ、このくらいの長さなのか。ふ〜ん」という程度だ。見出しがあれば、ちょっと見てみる。記事の最初の数行を頑張って読んでみる。

その次のステージは、頑張って3分の1くらいは読んでみる。英語の記事は、結論が先

「言語」は「英語」を選択する

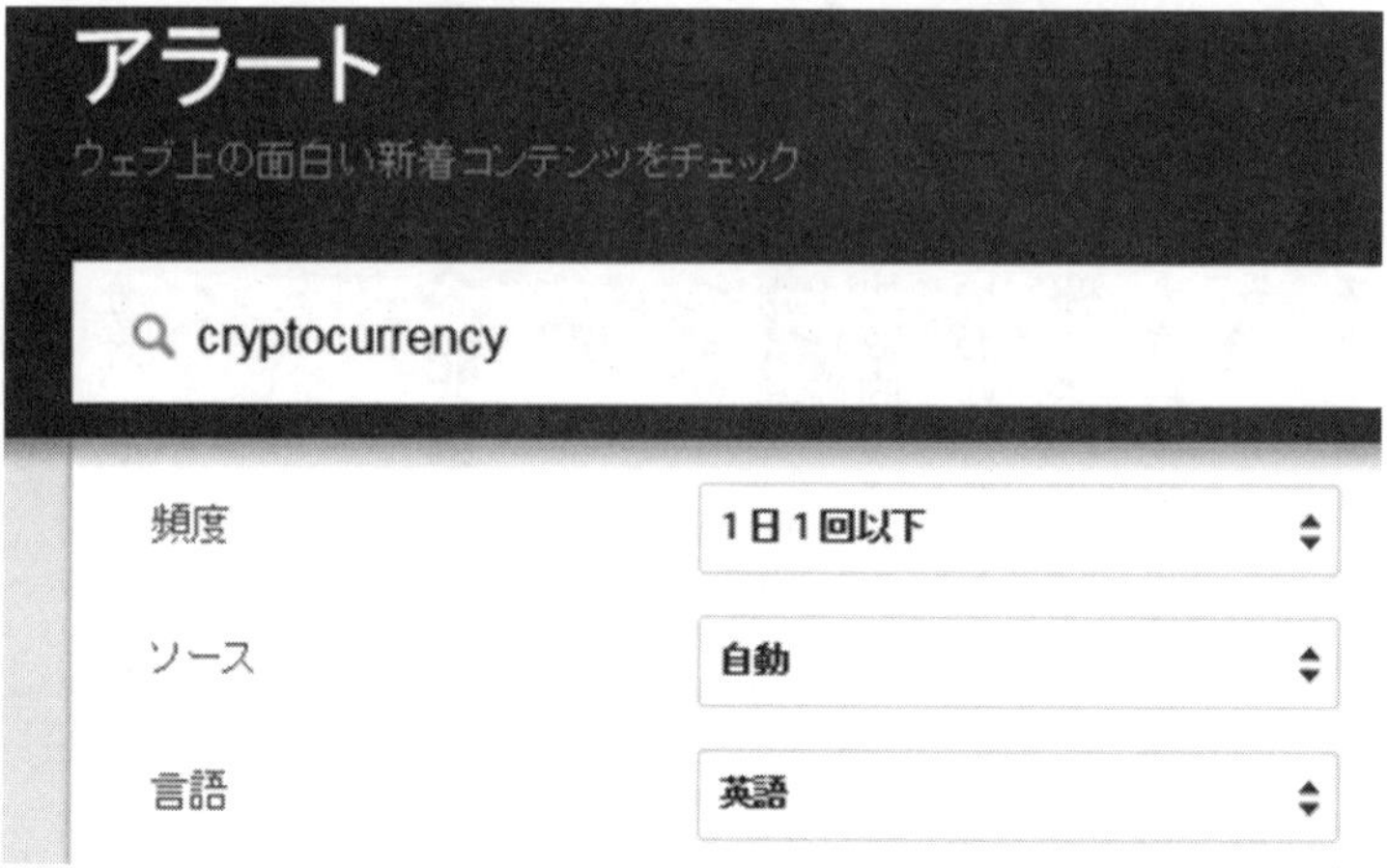

に来て、それからそれをより詳しく書くことが多いので、最初の3分の1を読むと何を言おうとしているかは見えてくる。

辞書は別に用意する必要はない。記事を読みながらわからない単語があれば、そこにカーソルを当てることですぐに訳が表示される。例えば、Chromeの場合、右上の3本線からその他のツール→拡張機能で「Weblioポップアップ英和辞典」を選択すると、それ以降、辞書がすぐに表示される。

辞書が簡単に出てくるといって常に確認するのがよいわけではない。むしろ、できれば見ないほうがよい。1ページ以上の文章を早く読もうとするとき足を引っ張ってしまうからだ。長文はあくまで目を速く動かし、できるだけ大意をつかむよ

Weblioポップアップ英和辞典　4.5
Webページの英語にマウスオーバーさせることで「英和辞典」での意味を表示させるポップアップ辞書機能や、文章を選択することで翻訳結果へスムーズに移動することができる機能を備えた、Weblio公式のエクステンションです。

うにする。わからない単語は読み飛ばす。気にしていては本当に読むべきところを読めず、続かない。

辞書の引き方のコツは、わからない単語を全部引くのではなく、何度か出てきて「あれ、これがまた出てきたぞ」と気になりはじめて初めて、カーソルを当てて単語の意味を確認する程度でよい。

辞書といえば紙の辞書が主流だったが、今はあまり必要ないと考えている。ネットでいくらでも調べられるからだ。携帯の電子辞書もあるが、同様の理由で個人の趣味で使えばよいと考えている。記事を読む中でわからなければカーソルを当てるだけで訳が出てくるので、それで十分ではないだろうか。

読む際のヒントとしては、できるだけ目を速く動かしていくことだ。ときどき日本語の文章を読むときにどうしているか確認していただけるといいが、大事な部分のみ読んでそれ以外はかなり読み飛ばすことがあるはずだ。大事でないところを読み飛ばしても、もちろん大意は十分把握できる。

日本語だからできることではあるが、英語でもできるだけそれを意識して目を速く動かしていく。速読の本がいろいろ出ていて、目を縦に動かすとか、横に読む際に2カ所だけ止めて読むとか書いてあるが、私にはそういう芸当はできない。ひたすら速く左から読んでいくことで何とかスピードアップをしている。日本語並みの速読をするには、きっとこの部分を何とかしないといけないとは思っているが。

また、英語記事のフォントは結構小さいものが多い。慣れないうちは、フォントを大きくすると読みやすい。フォントを大きくするのは、Windowsの場合、「Ctrlキー」を押さえつつ、「＋（プラス）キー」を何度かタイプする。大きくし過ぎた場合は、「Ctrlキー」を押さえつつ、「ー（マイナス）キー」を押す。

黙読時に心の中で声を出さない

英語記事を読むときに、一つ非常に大切なことがある。それは、黙読しながら心の中で声を出さない、ということだ。心の中で声を出さず、一語一語そのまま一つの言葉として認識する。

Appleをア・ッ・プ・ルと心の中で声を出すのではなく、Appleという字面を見た瞬間に、Appleと声をいっさい出さずに認識する。

なぜ黙読時に心の中で声を出してはいけないのか。心の中で声を出すと、読む速さが読み上げの速さに制限されてしまうからだ。

日本語でも同じだ。本を速く読める人は、いちいち心の中で声を出したりしない。ざーっと眺めて、ぱっぱぱっぱ、と言葉を認識している。そうすれば速く読めるし、中身も十分把握できている。

一方、読書が遅い人は、心の中で声を出して読んでいる。そうすると、いつまでたっても本を読むスピードは上がっていかない。まずは、日本語でも黙読時に心の中で声を出さないように練習するほうがよい。決定的なスピードの差が一生つきまとうからだ。日本語ができるようになったら、英語でも同様に心の中で声を出さないように練習していく。

大好きな分野、関心のある分野での日本語での発表・講演を引き受ける

「英語の記事を読むのが無上の喜び」なんていう人は、普通はあまりいないだろう。

英語記事を読むのがかなり速くなってきていても、できることなら日本語で読みたいと思う。日本語なら、急ぐときは断然速く読める。したがって、よほど意志が強くないと英語の記事をすいすい読むのはむずかしい。いくら大好きな分野でもなかなかの難題だ。

ところが、英語の記事を急いで読んだり、動画を必死に見たりする、いい方法が一つある。

それは、自分の大好きな分野、関心のある分野で発表・講演を引き受けることだ。そうなってしまうと、英語の記事を読みたくないとか全く言っていられない。必死になって膨大な数の英語の記事を読み、動画を見て、発表・講演に使えるところはどんどん取り込んで資料を仕上げていくことになる。追い込まれて読むスピードも理解の度合いも、平常時に比べると何倍も向上していく。一度経験するとかなり力がついたことを感じるし、何よ

りも自信がつく。

英語記事を何とかかんとか読めるというレベルであっても、思い切って受けてしまうのがよい。皆、英語の記事を大量に読んで最新情報をまとめる、ということをほとんどしないので、大変に重宝される。何しろ自分の勉強になるし、英語のリーディングに自信がつくし、その分野の専門家としてさらに輪が拡がることが多い。

「英語の講演を引き受ける」ことについては、「第2章　英語を勉強する必然性を作る」のところでも説明したが、「読む力を鍛える」という視点で日本語での発表・講演のメリットについて説明した次第だ。

では、そもそもどうやってそういう依頼を受けるのか。発表・講演を依頼されるまでになるのか。

1 ― 大好きな分野、関心の深い分野に関しては、キーワードをいくつか選び、何度か検索して、日本語の記事の大半を読む。これはというブログ記事を見つけたら、できるだけそのバックナンバー、人気記事なども全部読む。読んだブログ記事からさらに重要と思われるキーワードを拾い、検索して関連記事をできるだけ網羅的に読む。これによって、この分野に関して日本語で書かれた記事のうち主要なものはほぼ全部読んだことになる。読んだ記事は、URLのショートカットをデスクトップ上に作り(Windowsの場合)、日付をつけてフォルダに保存する。

2―その分野に関して、同じく、英語のキーワードを入れ、関連記事にできるだけ多く目を通す。Googleアラートでキーワードを複数設定し、最新の英語記事を常にフォローする。

3―日本語にない情報がある程度以上手に入り始めたら、それを基に日本語ブログを書く。記事は3000字前後だと読み応えがあり、注目されやすい。しかも記事を書く負担はそこまで大きくない。タイトルを決め、小見出しを4〜6個決め、一気に書くようにすると、内容がぶれず速く書けるようになる。ワードファイルでテンプレートを作っておけばさらに簡単になる。

4―こうやってその分野で20〜30記事書くことにより、記事を書くために英語の記事を読むのが習慣化してかなりの専門家になるので、発表・講演を依頼されることも増えていく。

第2章では英語ブログの書き方について説明したが、ここでは日本語のブログについて説明している。英語を大量に読まねばならない状況に自分を追いこむために日本語での講演を引き受ける。そしてそのためには日本語のブログで情報発信するのが一番よい、ということだ。

大好きなアーティスト、スポーツ選手などについて、あるいは今話題の仮想通貨、フィンテック、人工知能、デジタルヘルス、IoT、ウェアラブル、ロボット、自動運転車、電気自動車、ドローン、デジタルファブリケーション、シェアードエコノミー、セキュリティ、次世代ネットワーク、代替エネルギーなどについてやってみられるとよい。

皆、英語の元記事にあたったり、関連記事を読みあさったり、海外のカンファレンス動画を見たりしてそれをまとめることを驚くほどしないので、数カ月もするとネット上でかなり目立つ存在になる。自分がブログ記事を書くとか、発表・講演をするとか、とても考えられない、という方も多いと思うが、これは決して夢物語ではない。実は非常にリアルな話だ。

話す力の鍛え方

文例リストを作っておく

マッキンゼーでまだ英語がたどたどしかったとき、私は英語の文例リストを作った。ミーティングのはじめ、途中、終わり、カクテルパーティーでの自己紹介、雑談など、使いそうな発言、挨拶などを書き留めていった。初めて聞くときはよくわからないが、何度か使う場にでくわすと、「なるほど、みなこういう言い方をするんだ」ということがわかってくる。

注意して聞いていると、ネイティブの人の言い方はだいたい決まっている。細かな表現の違いはあるが、日本人の私なら一つの状況で一つの表現があれば事足りるので、一つひとつ加えて、リストを作り上げていった。

文例リストがある程度できあがったら、何度も何度も声に出して読みあげてみる。そうするとだんだんと口から出やすくなる。

最初はわざとらしく感じるが、それは自分だけのことで、相手は何も考えていない。「意思疎通できない日本人がしゃべり始めてくれてよかった」というくらいだ。一つの文例について5、6回使うと、割と自然に感じてくる。そうなると、そのまま同じ言葉を使い続けるだけだ。

文例リストのまま話す

会議やパーティーで、全く新しいことを英語で話そうとしてもなかなかむずかしい。使ったことのない言葉を使い、馴染みのない概念を話すのは、日本語であってもむずかしいし、ましてや英語だと立ち往生してしまう。

したがって、ネイティブでない私たちが目指すべきは、状況に応じて、文例リストの表現のどれかを使う、使い回すという姿勢だ。

それで十分通じるし、何の問題もない。もともと我々が日本語を学んだプロセスも同じで、親や友達や学校の先生の言い方をマネしながら使い慣れていった。卒業して社会人になれば、「会社ではそういう学生っぽい話し方をしたらだめなんだよ」という教育的指導が先輩や上司から入る。

おどおどした新入社員は、覚えたてのビジネス用語、ビジネス的挨拶を何とかこなしているうちに、だんだん慣れて自然に話せるようになる。英語も全く同じだと考えている。ネイティブではない分、状況に応じてワンパターンで言えれば全く問題ない。

例えばこんな感じだ。

もう一度言ってほしいとき：Could you explain it one more time?

意見を言うとき：Let me explain my opinion on ~~~,

ちょっと違う意見を言うとき：I like Tom's idea, and if I may, I'd like to add a little more, ~~

まとめるとき：Let me summarize today's discussion. I think~~

ワンパターンで続けていても同じチームで何度かミーティングしていれば、こちらもさすがに慣れてくるので、自然に少し変えてみようかな、という余裕が出てくる。その余裕がないときには、ワンパターンで一点張りで何の問題もない。誰も全く気にしていない。気にするとしたら、ほとんど英語を話さないくせに同じ日本人の英語の発音とか文章のあら探しばかりする他の日本人だ。

英語の強弱とリズム

日本人が英語を話すとき、発音はどうでもいいが、一つだけ重要なことがある。それは英語の強弱、すなわちイントネーションとリズムだ。日本語はほぼ平坦で、強弱があまりない。

この最後の文を音の強弱で表現すれば、たぶんこうなる。

にほんごはほぼへいたんで、きょうじゃくがあまりない

ところが英語の場合、

Tokyo is an international city.

は、たぶん、

Tokyo is an international city.

になる。これを間違えるとあまり理解してもらえない。

最近話題の仮想通貨でEthereumというのがあるが、これは日本語ではイーサリウムと表現されている。もちろん平坦だ。

ところが英語では、

Ethereum

になる。音としてはエサリアムが近い。音の強弱を表現すれば、エセリアムという感じだ。

この音の強弱を正しく身につけるには、動画を聞いているとき、特に意識して聞くことが大切で、日本語とは大きな差があることが見えてくる。

また、英語には語と語の間の取り方、すなわちリズムも、日本語とは違って際立っているし、うまくリズムをつけることができるようになると、より伝えやすくなる。

これも、正しく身につけるには、自然な英語に慣れ、シャドーイングしながらつかんでいっていただきたい。

発音で最低限気をつけるべきこと

英語の発音は、多くの日本人が気にしていることだし、私自身もいつも自分の発音を気にしてきた。昨年も、『英語の発音が正しくなる本』というのをつい買ってしまった。机の上のプリンターの上で積読している。

ところが実は、発音はどうでもいい。シンガポールの人も、インドの人も、香港の人も皆かなり癖のある発音をしているが、堂々としており、何ら問題なく通用している。それどころか、Singlish や Inglish という言葉まである。「シンガポール英語」「インド英語」という意味で、独特の言い回しや発音こみでローカライズされ、国際的にも認知されている。

日本人が苦手なLとRの発音も、Lはエルの最後に舌を上の前歯の後につける、Rはアールの最後で舌を後にまるめる、としておけば別にどうということはない。
すべてにわたって、日本人は真面目すぎると思う。要はただの記号であり、前後の流れから伝わりさえすればどうでもよい。つまり、発音で最低限気をつけるべきことは、「発音を気にし過ぎて話すのが億劫になったりしないこと」だ。

ネイティブスピーカーと話すべきか

英語に自信をつけるには、本当はネイティブスピーカーとがんがんやり取りをすることがさすがに一番効果的だろう。ただ、それにはハードルが高いし、相手は平気で早口で話してくる。早口で話されると困る人がいるかどうか、彼らは全く気にしてくれない。

慣れてくると、別に大したことを言っていないとわかるし、こちらが毅然《きぜん》とした態度で制すればちゃんと聞いてくれはするが、それまでは結構気後れするのではないだろうか。

その意味で、慣れるまで、無理してネイティブスピーカーと話をして自信を失うことはない。英語の勉強で何よりも重要なのは自信なので、自信を失わせるようなことをわざわざする必要はない。

ネイティブスピーカーで腕試しするのは、後にしよう。

外国人と意気投合する。特にアジア系

英語ネイティブの相手をするのは要注意だが、フランス人、スペイン人、イタリア人など、英語が母国語でない欧米人の英語はわかりやすいし、比較的気後れせずに話せると思う。彼らは多くの場合、非常に流暢な英語を話すが、母国語ではないせいか若干楽になる。

同様に、アジア系、すなわち、韓国、台湾、中国、インドネシア、シンガポール、タイ、マレーシアなどの人に対しては、あまり気後れしないのではないかと思う。少なくとも私はそうだ。それぞれ特徴ある英語を平気で話すのでこちらも堂々と日本人英語を話せばよい。同じアジア人のよしみなのか、欧米人に対して共通に持つやや複雑な思いのせいなのか、結構、意気投合しやすい。

私自身、留学、マッキンゼー以来、欧米系、アジア系の人に多数会ってきたが、アジア系の方が安心する。スタンフォードに留学していた2年間も、一番の親友はホメイニ革命で亡命してきたイラン人であり、いつも図書館で深夜まで一緒に勉強していた。二番目の親友はレバノン系アメリカ人、その次は韓国人、台湾人などで、その次にようやく生粋《きっすい》のアメリカ人が入っていた。といっても、最後のアメリカ人も、多分ややコミュニケーション障害的な、アメリカ人にあまり受けないアメリカ人だった。

特に意識したわけではないが、どうしてもアジア系がお互い親しみを感じて近寄っていくのではないかとそのときも思った。自分の英語力のせいなのか、アメリカ人への気後れのせいなのか、アメリカ人の接し方の問題なのか、アジア人の方がお互い親しくなりやすいように感じている。

割合、平気なほうの私でもこうなのだから、ほとんどの方は気後れするのではないだろうか。人によって違うと思うが、気後れしない相手を見つけて、英語でのやり取りに慣れていくほうがよい。

ミーティングでは遠慮せず発言する

日本人にとって、英語のミーティングで何より大事なのは、遠慮なく発言することだと考えている。遠慮なく発言するとは、日本語でのミーティングなら発言しているだろうと思われるときには全部発言する、ということだ。

日本語のミーティングであれば、少しくらい考えがあいまいでも、「違うかも知れないが、これって、こういうことではないのだろうか」というような発言は割に平気ですると思う。「え？　そうかなあ。本当はこうじゃないの？」というような感じで、確信が必ずしもなくても、大事だと思えばどんどん発言する。

英語でのミーティングでも、同じようにすべきだ。ところが、微妙なニュアンスが理解できないとか、あるいは英語そのものへの気後れなどで、本来発言すべきところで黙って聞く側に回ってしまう。

そうすると、誰かの発言が終わる前にまた別の人ががんがん話し始めてしまい、さっきの発言がちょっとどうなのかなと思って言いたかった状況が終わってしまい、次の人の発言に切り替わってしまう。そこでまたしばらく聞いてまた何か言ったほうがいいと思い始める頃には、また別の人が発言し始めてしまう。

こういうことを繰り返していると、控えめな日本人にはほぼ発言の機会がない。発言するなとは誰も言わないが、一呼吸の入れ方が違うので、発言の機会が永遠に回って来ないことになる。

日本語だと結構うるさいタイプの人も、英語のミーティングになると、途端におとなしくなる。おとなしい人は英語の環境では決して奥ゆかしいとは思われず、単に何も意見がない人だと思われるだけなので、意地でも発言するようにしてほしい。

下手な英語で発言することを笑う人は誰ひとりいない。何も発言しない人こそ、「この人はなんだろう」と思われるだけだ。「日本人って、一言も話さないけれど、いったい何なんだろうな」と思われるのがおちだ。

英語でのミーティングは、一般に日本人だけ皆おとなしく、端っこにすわっている。他のメンバーがいっせいに大笑いしても、よくわからないので、あいそ笑いをしていることが多い（そういう私も笑いに関しては似たりよったりだ）。

日本の製品、日本食の素晴らしさ、日本人の礼儀正しさ、親切さなどは世界で高い評価を受けているので、遠慮なく発言すれば間違いなく歓迎される。我々の発言を聞きたい人は多いので、何でもいいからともかく発言しよう。

大きな声でゆっくり発言すれば、皆黙って聞く

英語でのミーティングをしている中で、日本人が頑張って英語で話し始めたとする。ほとんどの場合、声が小さい。英語に自信がないし、多かれ少なかれ気後れしているので、大きな声が出ない。

これだとせっかく発言しても下手をしたら誰にも気づかれず、一人で気まずくなってまた黙ってしまうことになりかねない。それは非常にもったいない。ぜひ、思い切って大きな声で発言してみよう。大声で、

I like Tom's idea, and if I may, I'd like to add, I think we should start～

と言い始めるのだ。そうすれば、他の人は必ず話を聞いてくれる。全員が急に黙って、こちらを見て聞いてくれるので申し訳なく思うほどだ。要は、大きな声を出し、皆の注意をひきつけるかどうかだと考えよう。

英語の世界には遠慮は無用だ。「誰でも何でも、好きなときに好きなことを言っていいんだ」「日本人的な謙譲の美徳はないんだ」と心得て、大きな声で話し始めよう。大きな声でゆっくり発言すれば、何の摩擦も、やっかみもなく、皆が注目する。

割り込んで発言する

英語のミーティングでは、ネイティブスピーカーの誰かが常に話し続けているので、切れ目を探しても切れ目がほとんどない。ほぼのべつまくなし、誰かがしゃべっている。誰かが割り込んで話し始めると、初めて、前の人が席を譲る感じだ。

日本人的礼儀で相手がしゃべり終えるのを待っていては、らちが明かない。そのときには他の人が先に話し始めているからだ。

日本の普通の会社のミーティングで割り込むと、あまりいい顔をされない。下手をすると「こいつはちょっと生意気なやつだ」と思われる。

ところが、英語の場合、特にいろいろな国の人が集まっている場合、割り込まなければ発言の機会がなく、発言の機会がないということは、「この人、何でここにいるのかな？何も考えてないのかな？どうしているのかな？」と思われるだけになる。だから、余計に、ともかく割り込もう。そのくらいに思っていても、英語がスムーズではないので、ちょうどいいくらいだ。

皆さんも慣れるまで「いいのかなあ、本当に。こんなに割り込んで」と思うだろうが、かまわない。発言しないより何倍もよいし、割り込んでいるうちに絶妙の割り込みタイミングがわかってくるので遠慮なく行こう。

車を運転している際の車線変更と同じで、躊躇していたら後からどんどん車が来てしまい、いつまでも車線変更できない。少し車が途切れたとき、ぐっとアクセルを踏む、あの感覚だ。

スキーで言うと、急斜面からやや身を投げ出すようにしてターンを切る、あの感じだ。

思い切ってやれば何とでもなる。思い切らなければ何もできず、延々と斜滑降を続けてゲレンデの端までいってしまう。

相手が話し終わった直後か終わる直前に話し出す

割り込みの最高のタイミングは、誰かが話し終わった直後か、終わる直前に話し出すことだ。

そうでないと割り込む機会は永遠に来ない。必ず誰かが途中でがんがん割り込んでいくからだ。強い割り込みがあると、話している人も譲ってしまう。

ここは少しくらい空気が読めないと思われようが気にせず突っ走るのみだ。だいたい「空気を読む」ということ自体、きわめて日本的で、グローバルな環境ではそこまで重要ではない。もっと直接的にコミュニケーションし、発信することが評価される。逆に言えば発信しなければいないのと同じ、いないのより悪い、ということだろうと思う。

こう割り切ったとして、現実的な課題は、割り込んで失礼に当たらない終わりかけのところはどこかを見抜いて果敢《かかん》にボールを投げ込むことだ。これは何回かやってみて皆の反応から判断するしかない。

余裕が出てくれば、もちろん、発言に自信のない人が発言しているときには、ややややさしく、厚かましい人の発言時には遠慮なく割り込む、ということもあるだろう。

ビジネスミーティングではホワイトボードを活用する

英語のビジネスミーティングをうまくリードする武器がある。ホワイトボードだ。ホワイトボードは日本語ミーティングでも非常に有効なツールだが、ほとんどの人はうまく使いこなしていない。

普段の日本語のミーティングでホワイトボードを使ったミーティングに慣れ、その勢いで英語ミーティングでもホワイトボードを活用することが、段階を踏めるので現実的だろうと思う。

そのため、ここではまず、日本語のミーティングでのホワイトボードの活用のしかたを説明したい。これは私が多くの会議をリードし、ファシリテーションした中で生み出したもので、かなりユニークなアプローチであるが、ある意味、逆転の発想でもあり、強力な武器になる。『速さは全てを解決する』（ダイヤモンド社刊）に詳述したが、ポイントは以下の４つだ。

1 会議のリーダーが書く

その会議の出席者の中での一番上、リーダーが議論をリードし、ホワイトボードに書く。議論をリードし、うまく引き出しながら書いて、その場で確認することで、参加者の気持ちが一つになる。ここが大事だ。

多くの会社で新入社員とか、若手に書かせることがあるが、彼らは発言内容を再確認したり、発言があいまいだったり矛盾があったりしたときに確認し、流れにそって修正することはほぼできないので、やめたほうがよい。

私が経営支援している企業では、役員、部長が会議のリーダーとして全体を引っ張りながらホワイトボードに課題を整理し、対策をうまく立案して合意形成を図っていただくようにしている。そのほうが参加者の知見がうまく活用でき、無駄なくアクションに結びつけていくことができる。

会議のリーダーは、慣れないうちはやや緊張されているが、もし一番上位の方がそうだとしたら、下の人にまかせたらもっとむずかしいわけで、最速で問題解決するためには一番上位の人が頑張るほうがよい。

2 ホワイトボードの1面をうまく使って議論を整理する

ホワイトボードの左側には現状の問題点、右側には解決策を発言順に書く。全体像がわかりやすく整理され、議論が効果的に進む。

1時間程度のミーティングなら、1・8m幅のホワイトボードの1面で十分収まる。裏に書いたりするとそれまでの議論が見えなくなってしまうので、極力1面に納める。

1・2m幅のホワイトボードもあるが、左右に分けて書こうとするとかなり端折《はしょ》らないとスペースが足りないので、1・8m幅がお勧めだ。価格も1万数千円ほどだ。

3　聞きながら、発言をそのまま書く

ホワイトボードに書くときは、聞き終えてからではなく、聞きながら書く。数秒遅れでできるだけ発言のまま書く。もちろん話し言葉を書き言葉に変える程度はする。

こうすることで、発言者は自分の発言が丁寧に、かつ漏れなくホワイトボードに書かれたことがわかるので、満足度が高く納得感がある。伝えきれない想いを延々と話し続けて会議をぶちこわしにすることもなくなる。誰かが後で蒸し返しにすることもほとんどなくなる。

全部聞き終えて、それから3、4語に要約するのは、逆にむずかしい。発言を全部覚えておいて書くこと自体むずかしいし、そのやり方だと発言者のこだわりや言葉のニュアンスをうまく記録できない。結果として、よくて大幅に端折った書き方になる。しかも発言が終わってから、改めて書くので、ディスカッションにある意味、水を差すことにもな

る。したがって、発言中に少し遅れつつ追いかけながら、同時にどんどん書いていくほうがよい。

4 意見の相違はA案、B案を並べて一致点、相違点を整理する

会議中に意見がぶつかることはごく普通だが、あまり建設的でないことも多い。お互い口頭だけで一方的に意見をぶつけ合い、水掛け論になったり、すれ違いをすることがよくあるからだ。そういう場合は、すでに感情的になっていることも多く、余計によくないタイプのやり取りになる。

ホワイトボードは、そういったぶつかり合いを防ぐためにも非常に効果的に使える。意見の相違があり、こじれていると思ったら、リーダーはすぐにホワイトボード上に表として整理する。A案、B案を横に並べ、縦にはそれぞれの論点を列挙する。そうすると、多くの場合、思った以上に一致点が多く、相違点はごく一部だということに気づく。感情的なやり取りがあっても、表で整理されれば、一致点、相違点は一目瞭然になる。

そうすれば、会議が不毛の感情的議論の場になることなく、参加者全員の頭を十分整理しつつ、異なる意見も取り込みつつ、必要な意思決定をすることができる。

これが日本語ミーティングでのホワイトボードの活用のしかただ。いろいろな会社のミーティングを多数見てきたが、ホワイトボードを使えばいいのに、と思うときも使わずにすませることが多かったり、あるいは使ったとしてもホワイトボードにいくつかの言葉を殴り書きして書いては消し、書いては消し、で参加者にとってあまり役立たない使い方が多かった。

一方、右で説明した方法であれば、議論の流れがホワイトボード上にきれいに整理され、議論が順調に進む。意見もきちんと出て、合意形成も容易にできる。従来の会議よりは生産性がはるかに高いことに驚かれると思う。

こういった日本語でのホワイトボードの使い方に慣れておけば、英語のミーティングでも同様の使い方ができるようになる。日本人の筆記体は他の国の人に比べてかなりきれいなほうなので、十分わかりやすく書ける。

もちろん、会議の終了時にホワイトボードの写真を撮れば、それがそのまま議事録として通用する。

英語で流暢にしゃべることはなかなかできなくても、英語のミーティングに少し慣れてくると、少なくとも議論の流れ、議論のポイントはそれなりに見えてくるようになる。そうすると、積極的にホワイトボードを使うことで、英語を話すことのハンディキャップを帳消しにして、議論をリードすることも徐々にできるようになってくる。

英語は決して流暢でなくても、ミーティングの目的、ディスカッションテーマ、課題の整理、対策の立案、スケジュール、責任分担など、ホワイトボードにきれいに書いていけば、皆、結構すなおにしたがってくれる。英語が流暢かどうかと、仕事ができるかどうか、優先順位が明確か、リーダーシップがあるかは全く別問題だからだ。

ホワイトボードをうまく使うことに日本人以上に慣れていないので、かなり感心されることも多いと思う。

You're really organized. I am surprised.

などと言われるかも知れない。

英語のミーティングをすると、どこの国の人でも英語が流暢なほど、割とどうでもよいこと、自分が言いたいことを構わず発言することが多い。「今、議事進行上、何を発言すべきか」ではなく、「今、自分が何を言いたいか」が主体になりがちだ。

なので、「わかったから、もっと短く言ってほしい」「別に演説の場所じゃないからね」ということも多々ある。彼らは、英語自体は自信を持って話すのでどうしても気後れするが、ちょっと突っ込むと結構へこむこともあることは、ぜひ知っておいていただきたい。わ〜っと一方的にまくしたてられても、気にせず、平然と突っ込めば実は十分戦える。

繰り返しになるが、ビジネスパーソンにとって発音はどうでもよく、「日本人英語」で全く問題ない。大事なのは、このミーティングで何を決めるべきなのか、決めるためにはどういう前提条件があるのか、どういう境界条件があるのか、どういう選択肢があり、どういう評価基準で決めるべきなのか、そういったビジネスの基本を的確に整理していくことだ。

英語が流暢かどうかではなく、ビジネスパーソンとして、目的意識を持ってミーティングをリードするかどうかだ。

英語での交渉は作戦を練っておく

英語でのミーティングがある程度できるようになったとしても、交渉ごとになると周到な準備が必要になる。

英語に限ったことではないが、

1—こちらが主張すべきこと（相手の主張に合わせて2、3のシナリオも）
2—相手がしてくるであろう主張
3—交渉の落とし所
4—これ以上は譲れない線

などについて上司あるいは経営トップと合意し、交渉の席に臨むメンバー内で十分すり合わせしておくことだ。もちろん、それらを英語でどう言うべきかは、事前にネイティブスピーカーの助言を得て文章にしておく。交渉時の文例コレクションに加えるいい機会だ。

いざ交渉の場になったとき、決裂をねらったミーティングはほとんどなく、基本は合意のためのミーティング、落とし所を探すためのミーティングなので、相手の言い分をまずしっかり聞く。どうしても聞き間違い、勘違いも起こりやすいので、最大限注意して聞き、書き留める。書き留めた内容を相手に確認しても全然問題ない。

こちらの想定通りのシナリオなら、当初の予定通り進めていく。一つひとつ確認しながら、落ち度がないことを数人で手分けしながら進めていく。リーダーとサポート2名など、役割分担を決めておくと少し精神的な負担が減る。

サポートの一人は、先方の視点で議論を全部チェックする。立場を変えることで見えないことが見えることも多い。サポートのもう一人は、議論を進める中での最悪のシナリオを想定し、万が一にも考え漏らしがないかどうかをチェックする。

二人とも、何か違和感を感じたら、すぐに紙に殴り書きしてリーダーにフィードバックする。やや深刻な場合は、ミーティングの休憩をお願いして、メンバーだけで作戦会議を開けばよい。遠慮は全く必要ない。

もしミーティングの途中で想定シナリオ以上に大きく想定外のことが起きた場合、緊急事態として即座に対応しよう。

第一に、あわてずいったん休憩を申し入れ、別室にさがってこちらのチームだけで議論してシナリオの書き直しをする。横の仲間と目配せをしたり、紙に書いてすり合わせようとしたりしてもあまりうまくできない。どたばたぶりを見て相手がかさにかかって攻めてくることもあるし、十分すり合わせできないので、不利な状況からの挽回《ばんかい》がやりにくい。迷わずいったん休憩を要求する。

第二に、まずは、前提条件が正しかったのかそれとも何らかの理由でくずれたのか、境界条件が変わったのか、そういった点を落ち着いて再確認する。あわててもいいことは何もないので、時間を十分に取り、シナリオを描き直す。先方を少しくらい待たせても、大きな問題は起きない。もし相手がいらいらしだしたら、むしろこちらに有利になる。

第三に、必要によっては日本側とすぐ電話、スカイプなどですり合わせする。スカイプは無料なので、ミーティングが始まる前から別室でつないでおくと安心できて、より平常心に近い形で交渉できる。

あわててＰＣを立ち上げ、スカイプを立ち上げ、接続する、ということはもちろん可能であるが、少しでも精神的負担を下げておいたほうがよい。そういうときに限ってなかなかスカイプがつながらず、つながってもノイズが大きくて日本側と話すことができない、ということも起こりかねない。

こういうときは、スカイプだけではなく、LINEや携帯電話でもつながることを確認しておく。バックアップラインの確保は有事の常識だ。

交渉ミーティングでは、テーブルの向こう側とこちら側でやや対決姿勢で臨むことが多いが、前向きの交渉ミーティングであれば、テーブルの形や座り方も工夫するほうがよい。

テーブルは可能であれば丸テーブルで、リーダー同士が向かい合わせに着席する。可能であれば、横にホワイトボードを置き、課題認識や合意事項などを右に述べたやり方でどんどん書いていく。ホワイトボードは必ずこちらが書く。そのほうが議論のペースをコントロールできるし、相手にもコントロールされている感をそこまで与えないので、全体としては一歩有利に進めることができる。

遠くからの出張であまり会う機会がなく、今回のミーティングで合意したいということもある。ある程度よい雰囲気で、いくつかのポイントを合意すればいいときは、一つひとつ議論しながら、プロジェクタで映し出したワードファイルに直接書き込んでいく、というやり方もなくはない。

ただ、そのやり方だとホワイトボードを使いにくいのでリーダーとしてのコントロールが若干しづらいのと、文言の細部に相手がこだわって議事進行が遅れることもあるので、英語での交渉ミーティングの場合は、どちらかというと、ホワイトボードで大筋の合意をまずとったほうがよい。

決裂がもうないということが見え、細部の文言を詰める段階に来れば、ワードファイルに最終版を記入してプロジェクタで映し出し、一つひとつ確認していく、という方法もある。

すべてにわたって、

1―こちらは流暢な英語をしゃべることができないこと
2―相手は、悪意があれば英語でまくしたててこちらを煙に巻くこともできること
3―何を言い何を言わないということに関して、日本人はどうしても少しおとなしくなってしまいがちなこと

などをよく考えて、有利な交渉を進めることができるように考え抜き、細部にこだわって進め方を決めることが望ましい。

こうなると、「英語での交渉ミーティングをどう乗り切りますか」という程度の課題ではそもそもない。日本人がグローバル環境でどう気後れせず、タフネゴシエーションをするのか、という大きな方法論の話になってくる。

スピーチは原稿を作り、ゆっくり読み上げるだけ

英語でやり取りをすることが増えると、スピーチを依頼される機会が出てくる。新たに入った社員の紹介や、日本からのお客さんの紹介、あるいは新事業の説明などだ。ここで言うスピーチとは、パワーポイント・Keynoteなどの資料を使わない、5分から10分程度の口頭での挨拶のことを考えている。

こういう依頼をされるということは、仕事上信頼されている、という証《あかし》であるし、し

かも晴れ舞台で一応そつなくこなしてくれると思われているということなので、喜ぶべきことだ。

英語に自信がないからといってそういうとき、おじけづいて断ってしまっては非常にもったいない。英語でのスピーチが初めてでも、心配する必要はない。原稿を準備し、読み上げれば何とでもなる。断言するが、全く何の心配もないので、もし依頼されたら即答で引き受けてほしい（断言する責任として、ネイティブスピーカーあるいはそれに準ずるレベルの友人にチェックを受けられない場合、英語の原稿をakaba@b-t-partners.comあてに送っていただいたら、フィードバックさせていただく）。

「英語でスピーチした」という経験は、想像以上に大きな自信になる。初めてのとき若干詰まったとしても何の問題もなく、二度目はあがらなくなり、格段に進化する。ぜひとも、そういう場合は極力引き受けて、場数を踏んでいってほしい。

スピーチの原稿は、無理して英語で書かず、日本語で箇条書きにし、それから英語にしていってもよい。もちろん、もしできることなら、最初から英語で箇条書きにするようにしておけば、より英語力アップにつながる。

通常、毎回似たようなところを指摘されるので、何回か経験すればだんだんとツボがわかってくる。だいたいはtheかaか、単数か複数か、能動態か受動態か、現在形か現在完了形か、willを入れるか入れないか、疑問形かどうか、ということなので、実は割合とワンパターンだ。

原稿ができたら、何度も大きな声で読み上げて練習する。ネイティブスピーカーに一度吹き込んでもらい、それを聞きながら音の強弱、抑揚をそっくりマネする。強弱、抑揚は日本語にはあまりないので、カラオケで練習するつもりで徹底してマネする。

そうやって口を慣らしておき、本番では、堂々と原稿を読み上げればよい。暗記する必要は全くない。思い出せなかったらどうしようというプレッシャーがよけいなので、無理して暗記しようとしなくてよい。政治家なども多くの場合、プロンプターを使って原稿を本人だけに見えるように映し出している。

もちろん、英語慣れしていないほとんどのビジネスパーソンにとって、ネイティブスピーカーに添削してもらった原稿を丸暗記すること自体は、いい勉強になる。一度覚えると、同じ使い回しを他でもできるので、引き出しがどんどん増えていく。ただ、丸暗記した上で、本番では原稿を手に持ち、ほぼそれを読み上げればよいと思う。安心もできるし、口もうまく動く。

課題は、質問への対応だ。一回で質問の意味がわからないことも多いので、気にせず確認する。私はたぶん、質問の3割程度は聞き返している。6年実施しているインドでの事業計画作成ワークショップでは、私にとって聞き取りづらいインド英語なので、躊躇なく聞き返している。

妙に格好つけて半わかりのままで答えようとすると、ピンぼけの答えになって墓穴を掘るので、遠慮なく確認するほうがよい。ピンぼけの答えをしてしまうと、当然ながら相手はよく理解できず食い下がって質問してくる。そうすると、こちらはもっとずれた答えをしてしまい、収拾がつかなくなってしまう。陥る必要のない悪循環が始まってしまうので、妙なプライドを捨て、質問の内容を確認するのがよい。

そうすると、少し違う質問のしかたをしてくれたり、わからない部分の例をあげてくれたりするので、質問者の意図がより正確に理解できる。日本でもそうだが、意外に訳のわからない質問も多いものだ。質問の趣旨が不明瞭なだけでなく、そもそも質問したいのか、質問に名を借りて意見を言いたいだけなのかが微妙な人も結構いたりする。なので、遠慮なく質問の趣旨を確認し、答えればよい。

質問に対して聞き返すことは全く問題ない。むしろ丁寧な印象を与えることもあるし、全員が質問の内容を理解するいい機会になることも多いので意識的にやってもいいくらいだ。

日本語のスピーチでも全く同じだが、どんな質問が出ても困らなくなるほど度胸、スキルが身につき引き出しができるまでは、出そうな質問を20〜30個事前にあげて、回答例を作っておくとよい。

質問・回答集を作るとよいことがたくさんある。

第一に、自分の話の全体像、ポイントがよりはっきりしてくる。言うべきことを盛り込み過ぎで、話のピントがあいまいになることが多いが、質問・回答集を作ることで頭が整理され、スピーチも引き締まる。よほどスピーチに慣れた人でも、想いが強すぎるとあれもこれも入れてしまったり、感情的になりすぎて滑りがちになるので、それを避けることができる。

第二には、観客視点で内容を見返すことができる点にある。どんなに慣れた人でも、話す側の視点でスピーチの準備をしてしまう。そのため、聞く側がどういう質問をしそうか考え、リストアップすることで、聞く側の視点に配慮することができる。

第三には、的確な回答例を作っておくことで、自信と余裕が生まれること。よほどスピーチに慣れていないかぎり、質問がいくつか続くと頭がパニックになってしまうことがある。自分にはそんなことは絶対起きないと思っていても、突然起きるのがパニックで、ある意味、コントロールできない。したがって、回答例を作ることで、そういう予期せぬパニックになる可能性を抑え、結果として余裕が生まれて、説得力を増す。そうすると、観客側はより深く理解して、よりよい質問をすることになり、全体として好循環になっていく。

第四には、英語の場合、そもそも質問がよくわからないことも多いし、言いたいことがあっても英語でどう言うのか知らないことも多いので、事前準備として役立つ。質問・回答集を作るメリットは、日本語でのスピーチの比ではないほど大きい。

質問されたときの対応で注意すべきことが一つある。

質問されたら慌てて答えるのではなく、手元の紙に質問の内容を書き、答えるべきポイントを3〜4点さっと殴り書きする。英語でも日本語でもよい。英語のスピーチであっても、日本語で書くほうがいいかも知れない。漢字で書くことができるので、ぱっと見てすぐにわかるからだ。ほとんどの日本人にとって、英語だとどうしてもそれほど目に飛び込んでこない。

このやり方を「発言予定メモ」と呼んで、『頭が真っ白になりそうな時、さらりと切り返す話し方』（ＫＫベストセラーズ刊）で詳しく説明した。こまめに用意することで、どんなときにも平常心で答えることができるようになっていく。

書く力の鍛え方

メールの文例を集める

新入社員にとって大きなチャレンジは、「ビジネス文書」と言われているものだ。社内の他部門や取引先にメールを書かなければならないが、普通に書くと何かと叱られることが多い。いい加減に書いているつもりは全然ないし、人一倍努力しているつもりなのに、先輩や上司からがんがんチェックがはいる。

学生同士のＬＩＮＥやFacebookメッセージ、メールとは違って何かルールがあるらしい。よくわからないが、見よう見まねで覚えるしかないらしい。

「常識がないな、お前は」くらいのことをさんざん言われながら、真っ赤に添削され、何カ月かするうちにだんだんまあまあのメールを書けるようになるのが普通だろうと思う。

日本語ができる新社会人でもこういう状況なので、普通の日本人が英語のビジネスメールを書くときは何倍も難易度が高い。文章を考えて書く、ということがあまりできないはずだ。あることを伝えるとき、ビジネスシーンではどういう表現を使うのか、知識の問題であり、考えてもわかることではないからだ。したがって、そっくり誰かのマネをするところから始めるしかない。

私がマッキンゼーに入って初めて英語のメールを書く状況になったとき、当然全く何も書けなかった。コマツに8年在籍し、そのうち2年間は留学していても、理系なので、英語のメールを書く機会などほとんどない。留学時の修士論文は数式をたくさん並べ、コンピューターシミュレーションをしただけのものなので、英語の文章は無理矢理ひねり出しただけだ。

マッキンゼーは世界中にオフィスがあり、メールはほぼ英語だ。したがって、何かと英語のメールが飛んでくる。私はそれらのかなり多くを印刷して英語文例として溜めていった。英語のメールを書く必要があるときは、毎回、そのどれかの文章を丸写しで書いていくしかなかった。

良さそうなメールの内容はそのまま写す

英語に触れる環境で仕事を続けていくと、だんだんよい文例が溜まっていく。私の場合も、英語文例フォルダに数十ページ溜まっていった。これは使えると思ったら、そのまま写す。丸ぱくりする。よく英語学習の本に「英訳文ではなく英借文だ」と書いてあるのは、まさにこれのことだ。

妙にこだわって時間ばかりかけてもしょうがない。即断即決、即実行で、よさそうなものはそのまま接《つ》ぎ木で書いていくしかない。

ネイティブではないビジネスパーソンには、英語の文章の流れなどわからない。「膨大な量の英語の文章を読むと、英語のリズムがわかる」ということをよく聞くし本当かも知れないが、一刻も早く英語を使いたい人にとっては、人の文章のコピペでいくのが近道だ。

英語を書いてコミュニケーションできると、ものすごく楽しい。嬉しくなる。これは人の根源的な喜びだと思う。不十分な英語であろうと、それで意思疎通ができて何か新しいことができれば非常に嬉しいし、もっと英語でコミュニケーションしたいと思う。もっと英語がうまくなりたいと思う。

もちろんそうなると、当然、さらにうまくなる。英語メールを書くのがだんだん億劫ではなくなる。そうやって好循環が始まるので、何でもいいから英文をつなぎ、さっさとコミュニケーションしてしまうほうが勝ちだ。

英文添削担当がどうしても必要

マッキンゼーには英語のエディター（英文添削担当）がいて、盛大に赤字を入れてくれたので、少しずつ英語のメールに慣れていくことができた。これは外資系ならではのことではあるが、日本企業でもグローバル化を真剣に考えるところは、英文添削担当を確保すべきだと思う。相手は日本にいる必要もない。夜遅くでも朝早くでも対応してもらいたければ、北米と欧州に一人ずつ確保しておけばよい。

海外のクラウドソーシング最大手はUpwork（旧oDesk）で、そこで依頼することもできる。レベルにもよるが、日本人のビジネスパーソンの下手な英語を読めるビジネス英語にしてもらう程度であれば、かなり安い時給で真面目かつ対応が早い人を探すことができるはずだ。ただ、そもそものやり取りが英語なのでむずかしいという場合、クラウドワークス、ランサーズなど、日本のクラウドソーシングに登録している方にお願いすることもできる。

一番気軽なのは、社員の家族、知り合いなどでビジネス英語に慣れた方に添削をお願いすることだ。完全にスキマ時間でできることなので、家でもできる。お金をあまりかけない工夫をいろいろしたほうがよい。

ネット上に比較的安い翻訳サービスがいくつかあるが、ビジネス英語を学ぶ上で必要なのは、翻訳サービスではない。日本の普通のビジネスパーソンがまあ一応読める英語のメールを書ければいいだけなので、なるべく添削を通じて、自分で書けるようにするほうがよい。

なぜかと言えば、自分で書く努力をしていれば、徐々にFacebook投稿、Twitter投稿、ブログ記事、スピーチ、講演などが英語でできるようになるが、翻訳サービスを使えば、スキルアップにはならないからだ。翻訳サービスはある種、麻薬のようなもので、永遠に自分の足では立てなくなる。

グローバル化が必要な会社であれば、総務部などにかけあって、英語メールの添削者を確保するとよい。あるいは、社内で「二度と英語に挫折しない会」の仲間を募って、見つけるほうが早いのかも知れない。グローバル化と言いつつ、このへんがいい加減というか何もせずに放置する会社が多いので、こちらから働きかけて添削を受けられる環境を作る必要がある。英語メールの添削者がいると、非常に安心してメールを書くことができるからだ。

仕事上のメールなので秘密保持契約（NDA）を交わす必要もある。ただ、私の経験上、総務部などに依頼すると、彼らは平気で外部の翻訳会社などに丸投げしてとんでもない高価な添削サービスを見つけてくる可能性が結構ある。「下手な英語を読めるビジネス英語にするだけだ。なので、一応ビジネスの素養のあるネイティブスピーカーなら誰でもいい」としつこいくらい念を押す必要がある。

メールを添削してくれる人をどうしても確保できない場合は、英語のできる先輩に見てもらおう。英語メールの添削は、ネイティブスピーカーでなくても何とかできる。その意味では、「誰でもいいから」書いたメールの添削を頼むほうがよい。人の間違いはよくわかるし、皆さんの周囲で英語のメールを少しは書ける人が意外にいたりするからだ。日本人の優等生には英語の会話が全くだめでも、ゆっくりならそこそこの英語を書ける人がいる。

頼まれたほうもあまり悪い気がしないので、少なくとも2、3度は面倒を見てくれるはずだ。こちらが真剣でどんどん成長すれば、もう少し面倒を見てくれるかも知れない。

英語がむずかしい、使えるようにならない、というふうにあきらめている方が多いと思うが、これまで、「無理にでも英語メールをどんどん書こう」「英語文例をフルに活用しよう」「何でもいいので添削者を確保しよう」という努力をされてきただろうか。

やりかけて挫折したり、やってみて本当に効果があるのか疑問が生じたりして、やめてしまったということはないだろうか。ぜひこの機会に改めて取り組んでみていただきたい。

こういう努力をすると好循環が始まり、面白いように成長し、大きな飛躍が期待できる。

プレゼン資料の作り方

メールがある程度できるようになる頃には、パワーポイントあるいはKeynoteを使ったプレゼンの機会も出てくるだろう。準備さえすれば十分うまくできるし自信もつくのでぜひチャンスを活かしていただきたいが、注意すべきことが一つある。

スティーブ・ジョブズなどの伝説的なプレゼンは、画面一杯の巨大なフォントでキーワードをいくつか並べ、あとはイメージ画像を入れておく、というものが多い。

これはネイティブスピーカーには全然問題ないが、我々にとってはセリフを覚えることも大変だし、豊富な知見を早口で述べることもできないので、非常に不利になる。

我々がプレゼンする場合は、フォントサイズを半分程度にして、情報量を増やし、大事なポイントはある程度書いておくほうがよいと考えている。このほうがはるかに気軽にプレゼンできる。英語そのものについては、添削をお願いするのは言うまでもない。

第6章

英語力はA4メモでさらに伸びる

『ゼロ秒思考』のA4メモを英語学習に活かす……英語メモを1日5ページ

A4メモを英語学習に使うことに関して、ここまで何度か説明してきたが、効果のある方法なので改めてまとめておきたい。

『ゼロ秒思考』をはじめとするこれまでの著作で、A4メモ書きについて説明してきた。人は本来、誰でも頭がいいと私は考えている。将棋や囲碁のプロや理論物理学者、数学者といった普通の人とは違う特別な頭の人も確かに存在するが、彼らは例外だ。普通の人は、本来十分に頭がよい。

ただ、本来的によい頭も、悩みや思い込み、習慣のために十分に力を発揮できないことがある。気になることや悩みのために集中して考えることができない。そういう経験は誰にでもあると思う。

そこで、声を大にして言いたいのが「A4メモ」である。

私自身がマッキンゼーに入って以来A4用紙へのメモ書きを続けているのだが、これによって、悩みや思い込み、不安やもやもやを取り除くことができる。その結果、本来の頭のよさが発揮できるようになる。

やり方は簡単だ。A4用紙を横書きにして、左上にタイトル、右上に日付、そして本文を4～6行で各20～30字程度書く。この1ページを1分で書く。朝起きてから夜寝るまでの間に毎日10～20ページ、つまり10～20分書くだけで、頭が非常にすっきりする。そして、確実に頭がよくなっていく。

A4メモの書き方は、これまで1000人以上の人たちに講演やワークショップの場で直接お伝えしてきた。目の前で書いてもらうだけで、その場で大きな変化を感じてもらっている。私自身の経験も合わせ、その効果には自信を持っている。

A4メモ書きについてのさらに詳しい説明は『ゼロ秒思考』（ダイヤモンド社刊）に譲るが、このA4メモ書きを応用することで、英語力を効果的に上げる方法がある。

方法は、A4メモの半分、毎日5～10ページを一件一葉で思いついたことを英語で書くものだ。

何でもいいから英語の単語を並べていく「英語メモ」

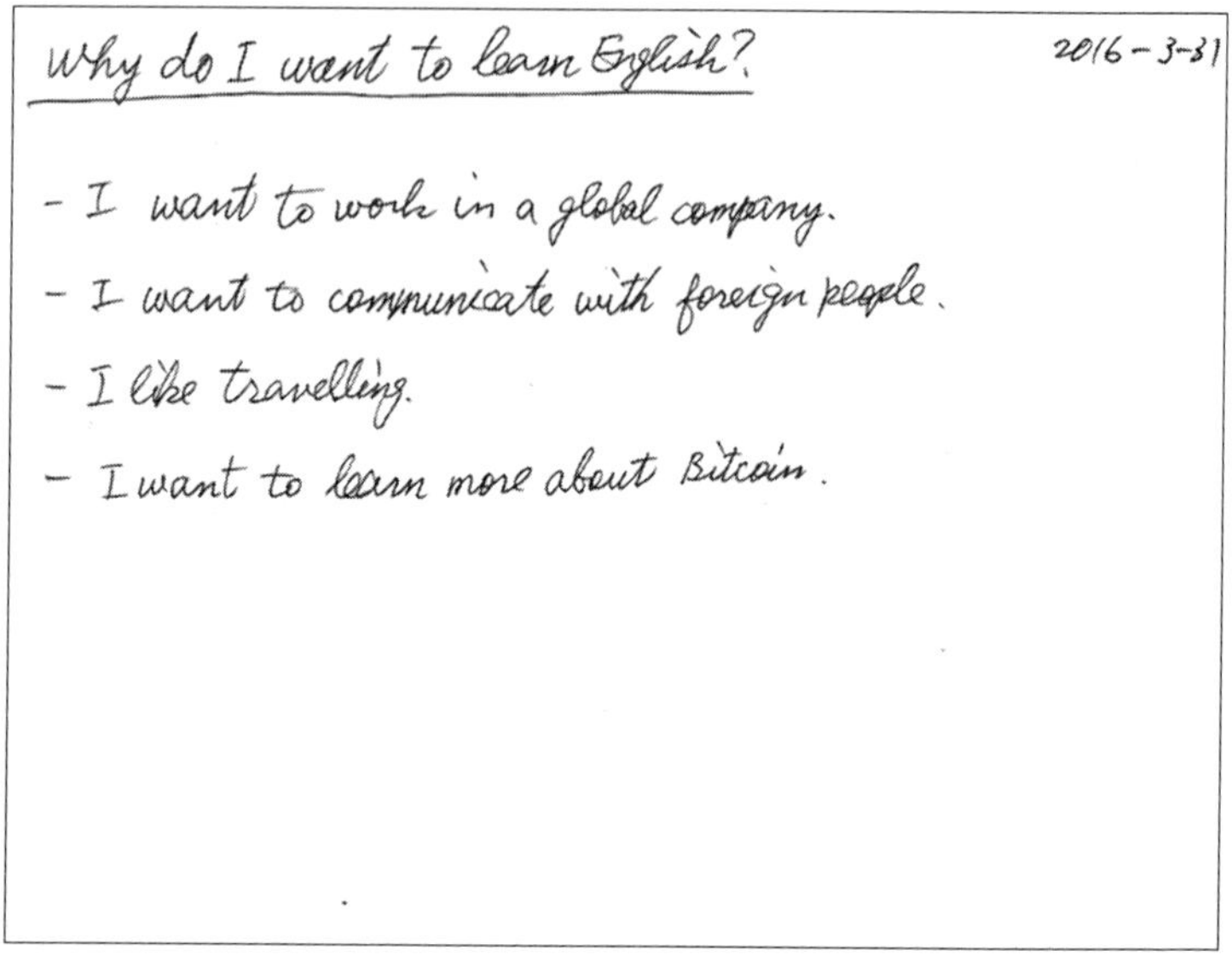

Why do I want to learn English?
2016-3-31
- I want to work in a global company.
- I want to communicate with foreign people.
- I like travelling.
- I want to learn more about Bitcoin.

こんな感じだ。aなのか、theなのか、単数なのか複数なのか、疑問形なのかそうではないのか、はどうでもいい。何でもいいから英語の単語を並べていくだけだ。

書き方は『ゼロ秒思考』A4メモ書きの日本語と同じく、左上にタイトル、右上に日付、4〜6行を書く。長さは適当であるが、あえて言うならば目指すのは10語程度だろうか。

なぜこの書き方が効果的かと言えば、毎日5ページ書くことで1カ月に150回、こういう英語の文章・短文を書くことになるからだ。嫌でも英語を書くことに慣れてくる。

英語メール、英語投稿など、ＰＣはブラインドタッチで速くなるが、この英語メモは思いついたとき、どこでもその場で書けることから、あえてＡ４用紙に書くのがいいと考えている。思いついた図をちょっと描いたり、書いたメモをフォルダに分けて分類したりもすぐにできる。ＰＣだと並べたりするにはいちいち印刷しないといけないし、どこでも書けるわけではないので、Ａ４用紙をお勧めしたい。

英語で情報収集したら、トピックごとにＡ４メモに書き写す

自分が大好きな分野、関心の強い分野で英語の記事や動画を見て、気になった言葉とか、もっと知りたいと思ったこと、あるいは印象的な言葉なども先ほどの英語Ａ４メモにどんどん書いていくといい。

読んだ記事などのタイトルや数行でもいいので、先ほどの英語Ａ４メモの一部として書いていく。

こうやって３カ月メモを書き続けると、かなりの量になり、大好きな分野に最高に詳し

くなるし、自信も湧いてくる。何だかいっぱい書いたな、という気になる。そういう前向きな明るい気持ちが英語の勉強に挫折しないためにはとても重要で、もっといろいろやってみようと思えるようになる。

それを見ながら、また英語A4メモを適当に書きまくる。文法を気にしない

溜まってきた英語A4メモを見ながら、思ったこと、もっと知りたいと思ったことなどを適当に書きまくる。文法は全く気にしないでいい。それでも、適当に書いているうちに、大好きな分野の言葉は覚えるし、何度も手書きしているうちに手に馴染んでくる。

そうすると、記事や動画を見ても頭に入りやすくなるので、英語が少しずつ楽しくなっていく。英語ができるメリットを肌で感じるようになる。

要は、自分の大好きな分野、関心の強い分野の記事を読んだり見たりして感じたこと、ああしようこうしようと思ったことなどをどんどん書き続けることで、英語を道具として使う時間を増やしていくことだ。

文法などどうでもよい。日本人は中学・高校で文法にかなりの時間を使っており、知識としては決して少なくないからだ。英語に触れていれば、自然に何とかなっていく。英語に触れていなければ、もちろんいつまでたっても何も起きない。道具に馴染むことはない。

うまく話そうという心理的ブロックを捨てる……仲間と一緒にアイデアメモを書く

第1章で、うまく話そうという心理的ブロックを捨てなくてはいけない、と述べた。そして、そのための効果的な方法がある、とも述べた。A4メモを使うやり方なので、ここで説明したい。

A4メモ書きの進化形で、A4用紙3ページ、それぞれ次のような4コマにして、短時間で書くやり方だ。

一人ではなく、何人かの仲間と一緒に書いてお互いに説明しあう。人数は何十人いても大丈夫だが、最低人数は4人となる。これは、第4章で紹介した「二度と英語に挫折しない会」の地域分科会のメンバーでやってみられるとよいと思う。

具体的には、「英語をうまく話せなかった経験」「英語をうまく話せた経験」「今後うまく話すには」という観点で課題を4つずつ書いた紙を3ページ用意し、

・1ページ目を3分で書き、2分で隣の人と説明し合い、
・2ページ目を3分で書き、2分で別の人と説明し合い、
・3ページ目を3分で書き、2分でまた別の人と説明し合い、
・その後、説明し、説明を聞いた中での発見を踏まえ、2分で加筆する

というやり方だ。わずか17分で終わるが、かなりの発見がある。

3人の人と順次話す中で、他の人がどういう失敗体験、苦手意識があるのかが理解でき、自分の失敗体験、苦手意識が決して自分だけのものでないことがわかる。また他の人が結構小さなことにこだわり、引っかかっているということも他の人のことだからよく見える。

一方、自分がそこまで自信がなかったことも、他の人に比べればずいぶんいいとか、ま

うまく話そうという心理ブロックを捨てる「第1セット」

英語をうまく話せなかった経験（　　　　　　　　　　　　）

1. 英語を話す機会だったのに話せなかったのは、どういう状況だったか？
－
－
－
－
－
－

2. なぜ話せなかったのか？
－
－
－
－
－
－

3. 話しづらいことが何かあったのか？
－
－
－
－
－
－

4. 話すことができず、結局どうしたのか？
－
－
－
－
－
－

しだということがわかり、意外に自信につながったりする。「まんざらでもないな」と思い始める。

3人の人の振れ幅や、共通点も見えるので、これまで自分だけで悩んでいたことがこの1回のセッションで少し客観的に見え、新しい視点で見ることができるようになる。

このアイデアメモは、「即断即決、即実行」や「好循環を生み出す」といったテーマの私のセミナーや大企業でのワークショップでも何度も開催し、非常に好評だった方式だ。それを英語への心理的ブロックの解消に応用する。

第1セットは上の1ページだ。かっこ

の中に具体的な事例を簡単に書く。それから、

1 ― 英語を話す機会だったのに話せなかったのは、どういう状況だったか?
2 ― なぜ話せなかったのか?
3 ― 話しづらいことが何かあったのか?
4 ― 話すことができず、結局どうしたのか?

をそれぞれ4〜6行で殴り書きする。3分で書くためには、言葉を選ばずに書く。もやっと浮かんだものをそのままはき出していくところは、『ゼロ秒思考』のA4メモ書きそのものだ。

3分で書いたら、隣の人と2分で説明しあう。2分しかないので、「こんなことがあった」「こんなこと考えた」「うまく書けなかったけど、本当はこんなことだった」ということをお互いわ〜っと言い合うだけだ。部屋の中に20人もいたら大騒音になる。

第2セットは、英語をうまく話せた経験を書く。今度もかっこの中に具体的な事例を書く。そこからは同じだ。

うまく話そうという心理ブロックを捨てる「第2セット」

英語をうまく話せた経験（ ）	
1. 英語をうまく話せた状況を詳しく言うと？ – – – – – –	2. 具体的にはどんなことを話せたのか？ – – – – – –
3. どうして話しやすかったのか？ – – – – – –	4. 相手はどういう反応をしてくれたか？ – – – – – –

第3セットは「今後、英語をうまく話せるようになるには？」というタイトルで4コマを埋めていく。3セット目なので、頭に浮かぶことも増えるし、書き出すのも早くなっていくと思う。なるべく多く書き込むのがよい。

アイデアメモは自分の意識を変えるために非常に有効だが、実施するうえでの注意点をいくつか説明しておこう。

1 ―― 3ページそれぞれを3分で書くことになっているが、かなり書ける人と、半分程度の人がいる。その点は気にしないで進めていくほうがよい。書くことに慣れているかどうかで書ける量が違うが、頭の中にはそれなりにアイデアが湧いていることが多いので、あまり心配ない。2分間でお互いに説明するときにはほとんど問題なく説明できる。説明しながら新しいアイデアが湧いてくることも多い。また、相手の説明が刺激になって新しいアイデアが浮かぶこともよくある。

2―たまにほとんど書けない人もいる。ただ、その場合でも、口頭の説明は比較的できることが多いので、あまり気にせずプロセスを進めていけばよい。

3―3分で4コマを書くのは無理があるように見えるが、実は、時間がないためにアイデアが出やすくなっている。4分とか5分に延長する必要はない。文句を言う人もいるが、「やってみると意外にできるね」ということになる。書けなくても右で説明したように、口頭での説明はかなりできるので、問題は生じない。

4―「3分で書き、2分で説明し合う」の3セット、および最後の加筆修正の2分に関して、タイマーを使って時間通りに進めるとよい。時間に追われる感じのほうが、皆、集中して本来の力が出る。あるいは限界値を超えた力が出る。その結果、参加者皆が活性化されるし、英語への取り組み意識がかなり変わる。

うまく話そうという心理ブロックを捨てる「第3セット」

今後、英語をうまく話せるようになるには？	
1. 今後、躊躇せずに英語を話すには？ – – – – – –	2. その際、どんなことを話せばいいのか？ – – – – – –
3. 相手と状況に合うような、どういう内容を用意し練習しておくか？ – – – – – –	4. 外国人に対して、一番フレンドリーな接し方をするにはどうすべきか？ – – – – – –

今回は「うまく話そうという心理的ブロックをはずす」という目的であったが、このアイデアメモのやり方は意識・行動改革が必要な他の課題に対しても非常に有効だ。その場合、例えば、部下育成ができないことでの悩みだったり、採用面接が今ひとつうまくいっていないという課題提起だったりに対して、以下のような3セットにして取り組んでみる。

1 — これまでできなかったことは？
2 — どういうとき、どううまくできたか？
3 — 今後継続して実行するには？

わずか17分でかなりの発見があるのが、この方法のいいところだ。

書かずに話そうとしてもだらだらしてしまう。多くの人はすぐに意見をまとめて発言することにあまり慣れていないため、それほど活発な意見交換にはなりづらい。二人で話してくれ、と言うのも何もないときまりが悪いし、場合によって険悪になる。

一方、個別に記入してもらうやり方だと面倒くさがられるうえ、ばらつきがあるし、書けない人がちょっと否定的になる。何かと文句を言い出す。

アイデアメモの上記の方法だと、そういう問題が全く起きないので、ぜひいろいろ試してほしい。

また、右の方法では、3分で書いて隣の人と2分で説明し合い、その後第2セットに移るものであったが、第2セットに移行する前にもう一度別の人と2分で説明し合うようにすると、より複雑な問題、込み入った問題などに対してより多くの発見がある。

この場合は、3分＋2分＋2分＝7分　の3セットで、最後に2分で仕上げる形なので、わずか23分でさらに大きな発見がある。

こう言われても今いちピンと来ないと思うので、ぜひ一度、仲間と一緒にやってみてほしい。自分の考え方に対して、かなりの変化と発見に驚かれるはずだ。英語の勉強への心理的ブロックとその解消法が見えてくる。

第7章

これだけ覚えて終わりにする

英語は、会話や動画が理解でき、何が書いてあるかを何とか読めれば結構何とでもなる。そのため、大好きな分野、関心のある分野の動画を毎朝毎晩1時間聞くとか、記事を読むとかを続けられることが出発点となる。

聞くこと読むことがある程度できるようになり、スピーチの機会もたまに得られるようになったら、次は英語でもっと自由に話せるようにしよう。

ネイティブスピーカーでない普通のビジネスパーソンにとっては、最低限言いたいことが言えればそれでいい。英語でのミーティング時、出張時、上司あるいは部下が外国人、そういった状況にいちおう対応できれば、という感じだろう。

私はマッキンゼーに入ってビジネス英語を話さなければならなくなったとき、必要な文例を一覧表にしてただそれだけを使っていった。会話の本は多数出ていて私自身も数冊は買ったが、どれも分量が多すぎて到底覚えきれる気がしなかったからだ。

そういった自分の経験に基づき、ビジネスパーソンがこれだけは覚えて使ったほうがよいという文例を60個だけ紹介したい。ここからスタートして、それぞれの業務、置かれた環境などからこれは必要だ、という文例を30～40個ほど追加すればよい。もちろん、以下の60個中に不要と思われるものがあれば、削除してしまえばよい。

要は、自分に合った100個ほどの文例集をそういったプロセスで作り上げ、馬鹿の一つ覚えのようにそれだけを使う。そうこうしているうちに、最低限のビジネス会話ができるということで輪が広がり、役割が広がり、機会が増え、英語の面白みを強く感じるようになる。

そうなれば、もうそう簡単には英語の勉強に挫折しないようになる。一つめの大きな壁を乗り越え、道具としての英語を使いこなせるようになったところだと思う。

9. There are four members in my team. I'm the director in charge of the project.
私のチームには4名おります。私がリーダーです。

10. We have three great alliance partners to make our business successful in the region.
私どもにはこの地域でのビジネスを成功させてくれる重要な提携先企業が3社あります。

会議での質問

11. Could you say that again?
もう一度言ってください。

12. Could you explain the part about~~?
〜〜の点について説明してください。

13. Do you mean~~?
〜〜という意味ですか？

会議での発言

14. Let me answer your question first.
ご質問にまずお答えします。

15. What I meant was~~
〜〜という意味で申し上げました。

16. I did not mean~~
〜〜というつもりではありませんでした。

17. I believe we have to do~~
我々は〜〜すべきと思います。

18. I like John's idea and if I may add, ~~
ジョンの案がよいと思います。一点付け加えるならば〜〜

出会った最初の挨拶

1. **Hi, nice to meet you. My name is ~~ and I'm from ~~.**
初めまして。私の名前は〜〜で、〜〜から来ました。

2. **I'm Japanese and this is my first time to visit the US.**
私は日本人です。米国は今回が初めてです。

3. **I am the general manager of the financing division.**
私は財務部門の統括をしています。

4. **My company produces/builds~~**
私の会社は〜〜を作っています。

5. **My company has offices in Japan, the US, the UK, China and Indonesia.**
私の会社は日本、米国、英国、中国とインドネシアにオフィスがあります。

プレゼンテーションの開始、途中

6. **Thank you very much for this wonderful opportunity. I would like to explain our business plan today. My name is ~~ and**
この機会をいただきまして、本当にありがとうございました。本日は私どものビジネスプランをご説明したいと思います。私の名前は〜〜です。

7. **We believe our strength is~~**
私どもの強みは〜〜

8. **Our weakness would be, I would say, ~~**
私どもの課題は〜

27. When I was in elementary school, I played the piano.
小学校のとき、ピアノを習っていました。

28. I eat Japanese food, Chinese, Italian and everything, but I like Thai food the best.
私は日本料理、中華料理、イタリア料理をよく食べますが、タイ料理が一番好きです。

29. I have two brothers. How about you?
兄弟が２人です。あなたは？

30. Japanese people usually do not speak much English, but I think we have to change.
日本人はあまり英語を話しませんが、変わるべきだと思います。

31. Yes, you're right! I totally agree with you.
まさにその通り！　100％同意します。

32. I like your dress. It's beautiful!
その服、いいですね。とってもきれいです。（女性に対して）

33. It was very nice talking to you.
お話できて非常に嬉しく思います。（会話の最後に）

34. Let's keep in touch.
また連絡しあいましょう。

上司に対して

35. Let me explain my action plan.
私の実行プランをご説明します。

36. Can I try one more time? I'm sure I can succeed this time.
もう一度やらせてください。今度は絶対成功させます。

37. Could you give me three more days for the preparation?
準備にあと３日ください。

会議で揉めたとき

19. We should calm down. Let's not fight here.

ちょっと落ち着きましょう。ここで言い争いしても始まりません。

20. Let's take a break

ちょっと休憩しましょう。

21. We must have mutual understanding for the project.

プロジェクトに関してお互い共通の理解をする必要があります。

22. I guess our point of conflict is~~

ぶつかっている点は〜〜です。

23. We just need to clarify one point to end this confusion.

この混乱を終わらせるため、一点、明らかにする必要があります。

パーティー、会食でのおしゃべり

24. We have many islands in Japan. And the four seasons are distinct.

日本には島がたくさんあります。四季もはっきりしています。

25. My hobby is watching movies. I just saw Star Wars episode 7.

趣味は映画を見ることです。スターウォーズのエピソード7も見ました。

26. I like to go to musicals. I've seen The Phantom of the Opera, Beauty and the Beast, Les Miserable and other works.

ミュージカルを見るのが好きです。オペラ座の怪人、美女と野獣、レ・ミゼラブルなどを見ました。

46. **Can you send the simulation result today? We need the data ASAP.**
シミュレーションの結果を今日送ってくれますか？　データが最速で必要です。

顧客をレストランに招待して

47. **What would you like to have?**
何をお召し上がりになりますか？

48. **I hope you like Japanese food. Is Sashimi OK?**
日本食がお好みに合うといいのですが。お刺身は大丈夫ですよね？

49. **Would you like something to drink?**
お飲み物はどうされますか？

50. **Thank you so much for joining us tonight.**
今夜は参加してくださって、どうもありがとうございます。

51. **The restroom is straight down the hall.**
お手洗いはここをまっすぐいったところにあります。

52. **Could you take our order?**
注文してもいいですか？（お店の人に）

53. **It is a bit cold. Could you turn off the air conditioner?**
少し寒いので、エアコンを止めていただけますか？（お店の人に）

54. **Check, please.**
支払いの計算をお願いします。（お店の人に）

55. **We need two taxis. Could you call them up now?**
タクシーが２台必要です。呼んでいただけますか？（お店の人に）

38. I don't feel well today. I need to go home early today.
今日は具合が悪いので、早めに帰宅する必要があります。

部下に対して

39. Could you do me a favor? I need this analysis within one hour.
お願いできますか？　この分析を１時間以内にやってほしいんですが。

40. I do not understand your explanation. Do you really mean~~?
ちょっと説明がよくわかりません。本当に〜〜という意味でしょうか？

41. What was the objective of your mail?
このメールの目的は何でしたか？

42. When do you think you can complete it?
いつ完成できそうでしょうか？

海外の同僚に対してスカイプで

43. Can we start our Skype meeting now?
スカイプミーティングを今始めることができますか？

44. My boss will join us in thirty minutes, so we should start now.
上司は30分以内に参加しますので、もう始めましょう。

45. We need to coordinate our work from both sides. I guess the point is~~
この仕事は両側から十分調整して進める必要があります。要点は〜〜ですね。

顧客をホテルに送り届けて

56. So, this is your hotel tonight. It's one of the best in Tokyo.
ここが今日お泊まりいただくホテルです。東京でも一番いいホテルの一つですよ。

57. I will pick you up at 8am tomorrow morning. Is that OK?
あすの朝、8時に迎えにきます。それで大丈夫ですか？

58. Would you like to have breakfast together or, would you rather have it in your room?
朝食は一緒がいいですか？　それともお一人でルームサービスのほうがよいでしょうか？

59. Is everything OK with you?
何か必要なものはありませんか？

60. The room has wifi. Good night.
部屋には無線LANがあります。お休みなさい。

おわりに

思い切って3カ月だけ集中してみる

どうだっただろうか。本書は英語の参考書ではなく、ビジネスパーソンが大好きな分野、関心の強い分野で道具として英語を使いつつ、英語の勉強を継続することで最初の壁を乗り越えることができるようにすることを目的とした。

英語の勉強をしなくっちゃ、しなくっちゃと思いつつ日々過ぎていくほとんどのビジネスパーソンのために、どうすれば挫折せずに続けられるかを考えた結果だ。

いつも勉強しようと思うからプレッシャーを感じるし、惰性にもなる、ということで思い切って3カ月だけ集中してみる。3カ月集中して勉強したら1カ月あえて休む。3カ月集中する期間に後回しにしていることもあるだろうし、そういうことが溜まっていくとどこかで無理が生じる。

もちろん本当は勉強し続けるほうがよいに決まっているが、忙しいビジネスパーソンに理想論を言っても始まらない。仕事や家で何かと忙しいからこそ、定期的に休みが必要だ。その間に溜まった雑務を片付け、また英語を勉強したい気持ちをふつふつとみなぎらせてほしい。

また、本書での提案として、勉強のための勉強を徹底的に排除した。This is a pen. のような無味乾燥なものを勉強しろ、ひたすら覚えろと言うほうが間違っている。そうではなく、自分が好きなこと、関心の強いことをもっと知りたい、日本語の情報があまりないからもっと知りたければ英語で記事を読んだり動画を見たりしたい、というところから手段、道具、ツールとして英語を使ってほしいと考えた。道具は、使えば手に馴染んでいく。

その次には、自分が好きなこと、関心の強いことを仲間と一緒に追求しよう、集まって情報交換すると楽しいという提案をした。サッカーやラグビーのワールドカップを現地に一緒に見に行こう、というノリが一番近い。楽しくてしょうがないこと、嬉しくてしょうがないこと、面白くてしょうがないことを共有する仲間と4カ月に一度会って話し合おうというものだ。私が4カ月に一度主催する東京での「二度と英語に挫折しない会」と、全国各地で自主的に集まっていただきたい分科会だ。楽しさ主導で、道具としての英語に慣れていってほしい。

今回やり遂げないといつまでも同じ

私も英語の勉強には何度も挫折してきた。留学前には、何としても英検1級を取り、通訳案内士試験に合格したいと思って何度もチャレンジした。どちらも何度受けても跳ね返された。

留学から戻って、さすがにこれで落ち続けたらまずいと思って勉強し、ようやく両方とも合格することができた。

聞く力にも、あまり自信がない。大統領の演説やCNNニュースなどはほぼわかるものの、映画の英語はかなり苦手だ。それを理解できるようになりたいと何度もチャレンジしたが、未だに挫折し続けている。口語やスラングが多いだけではなく、固有名詞など知らなければわからないし、聞き取れない。

今回、この本を上梓するにあたり、改めて聞く力を徹底的につけるべく取り組んでいる最中だ。

今回やり遂げなければ、いつまでも状況は変わらない。私と一緒に、楽しさ主導の新しいやり方を続けてみようではないか。

要は、英語は学問として勉強しようとしてはだめだ。あくまで自分が好きなこと、関心の強いことに関してもっと知りたい、味わいたい、ということでとっかかりを作り、好循環を生み出すことで続ける意欲をかきたてていくのが現実的だ。

大好きな分野、関心の強い分野で英語に馴染み、ビジネス英語をモノにする

大好きな分野、関心の強い分野で英語に馴染んでも、それとビジネス英語は違うのではないかと考えられる方が多いのではないだろうか。サッカーのワールドカップやレディー・ガガの記事とビジネス英語はずいぶん違うからどう役立つのか、という疑問だと思

う。

確かに分野が違う。使われる単語も違う。ただ、英語の記事を多数読んだり、英語の動画を多数見たりして、内容がわかるようになれば、英語の最初の大きな壁を超えたことになる。

楽しいことなので、これまでのような挫折なしに超えることがたぶんできる。それが最大のねらいだ。いったん壁を超えたら、英語が苦行ではなくなり、急激に楽しくなり、加速度的に成長していく。

英語は情報収集したり人とやり取りしたりする道具なので、趣味嗜好・関心事からスタートしても、それをビジネス英語にグレードアップしていくこと自体、あまりむずかしいとは考えていない。

英語の記事が読めないから、YouTubeとかいくら見ても意味がわからないから、退屈で、嫌になってくる。そういうことが今後は根本からなくなっていく。そうすれば、もう挫折の心配がない。自然にビジネス英語が身についていく。

留学しても英語力はあまりつかない

留学すると英語力がつくと思っている方が多いと思う。「留学すると、英語の環境に身をさらすのであるから英語力がつくだろう」と誰もが考える。高校、大学での留学は英語の環境に投げ込まれるので必死になって身につける。英語を身につけて道具として使いこなせるようにならないと生きていけない。

ところが、社会人になってからの大学院留学は、大きく期待はずれになることが多い。ビジネスパーソンの英語力向上についてということで、その部分をもう少し説明しよう。

海外、特に米国の有名大学院であればあるほど、日本人が多く、どうしても日本人同士で固まってしまう。日本人会がしっかりと機能して到着直後の心細い状況からあれこれ面倒を見てくれる。歓迎のお食事会や日本食でのパーティーも開いてくれて、心細い状況であっという間に意気投合する。日本で出会うよりも親しくなる時間が短い。というか、一瞬の間だ。

家族同伴であれば家族ぐるみの付き合いが始まり、夏休み、冬休みなどのバケーション期間も日本人家族同士で旅行にでかけたりする。これは最高に楽しい。楽しいが、日本人同士の「素晴らしい海外旅行」になってしまう。当然、ずっと日本語で会話している。ホテルでのテレビもたぶん、日本の番組だ。

いわゆるMBA（経営学修士）の場合、授業についていくために膨大な量の英語テキストを読み、グループディスカッションを頻繁にするので、ある程度英語力がつくのは間違いない。それでも、家族がいる場合は家族との時間、家族ぐるみの時間の多くが日本語になる。独身で外国人と付き合う人もいるがそれは少数派で、多くは日本人留学生同士で付き合ってしまう。もちろん、使うのはずっと日本語だ。したがって、MBAでも、そこまで英語ができるとは限らない。

私の場合は、機械工学修士だったので、クラスに日本人はほぼいなかったものの、ディスカッションはあまりなく、日本でも見かけるタイプの授業スタイルがほとんどだった。コマツ後は、実験、実習、プログラミングなどで、どれも英語は片言ですんでしまった。コマツからの留学で「英語をものにして帰るぞ」と気分は最高に高揚していたが、ビジネス英語は全く身につかなかった。

何が言いたいかというと、ビジネスパーソンが「あいつは留学したから英語ができる」というのは必ずしもいつも正しいわけではなく、「留学できなかったから英語ができないのはしかたない」というのも決して正しくはない。

留学しなくても、やりようによってはビジネス英語を身につけることが十分できる。ビジネスパーソンにとっての留学は、英語に関してはこの程度のことだと思っているほうがたぶん正しい。

「留学して英語をものにしよう」と考えている人がいるとしたら、実態としては期待はずれになることがかなり多いはずだ。

もちろん、留学には英語以外のメリットがたくさんあるので、もしチャンスがあるならぜひともお勧めしたい。レベルの高い大学院（スタンフォード大学、ハーバードビジネススクール、マサチューセッツ工科大学、シカゴ、LBS、Insead など）に行けるならば、クラスメートのレベルが非常に高く、日本人、日本人以外とも一生の貴重な友人ができる。

さらに、国際的な視野が広がる。日本を外から見ることができるので、バランスの取れた見方ができるようになる。外国人への苦手意識も多くの場合はかなり軽減される。

外資系企業への就職・転職のチャンスも確実に大きい。本気で成長したい人には、留学をぜひともお勧めしたい。

大学院への留学は、それがどういうレベルであっても、ビジネスパーソンにとって一般に非常に楽しい1～2年間になる。ただ日本以上に学校間の格差が大きいので、本気で成長したい方はぜひ可能な限り上を目指していただければと思う。

もちろん、事前に英語力を最大限つけ、留学中は英語を完全にものにし、帰国後も英語力、グローバルビジネスセンスを磨き続ける、という前提でだ。

TOEICを活用する

英語の勉強に挫折しがちなのは、どのくらい上達しているかあまりよくわからないので、張り合いがないとか、全体的に面白みに欠ける、といったことがあるからではないだろうか。

その意味で、TOEICを半年に一度受験し、進捗状況を確認するのは非常によいことだと考えている。企業で義務づけているところもあるが、そうでなくても自費でぜひ受験することをお勧めしたい。地域ごと、大好きな分野ごとの「二度と英語に挫折しない会」の仲間と一緒に受験することも結構励みになると思う。何でも一人だとやめる理由を簡単につけやすいからだ。

点数に関して一喜一憂しがちだが、本当は50点程度の測定誤差があると言われている。500点の次に550点になったからといって、50点分成長した、いい点数が取れるようになった、と思ってはいけない、ということだ。60〜70点上がれば英語力がついたと言えるが、40〜50点であれば、変わっていないと見るべきということだ。

ただ、受験する側から言うと少しずつ上がっていけば嬉しいことなので、そのへんは適当に考えておけばよいと思う。勉強や試験は気分に大きく左右されるからだ。私も一喜一憂していた。

また、初めて受験する場合、試験慣れしていないので点数が少し低めに出る。したがって、2回目にぐんと上がって喜びがちだが、それは英語力が上がったというよりは2回目からの点数がほぼ自分の実力と思ったほうがよい。

TOEICは英語力を総合的に評価するのに本当に適しているのか、という声をちらほら聞くことがあるが、現実的に代替手段がそれほどあるわけではないので、ただ批判してもしょうがないと思う。そういう批判のしかたはあまり建設的な結果を生まない。

完璧な評価方法がこの世に存在しているわけではない。次善の策としても私は十分実用に足ると思うし、これにけちをつけても特に得るものはないので、目安として見ておくことをお勧めしたい。

みんなで英語を勉強すればこわくない

英語を独力で勉強し、ビジネス英語を使えるようになれるのは一握りの人だ。ほとんどの人は挫折し、脱落する。

ところが、本書でお勧めしたように、自分の大好きな分野、関心の強い分野でグループを作り、仲間に宣言して3カ月間、英語で情報収集をし、3カ月後には成果発表会として「二度と英語に挫折しない会」本会、地域分科会に参加すると、一人での心細さにも、また今日はさぼろうという誘惑にも、勝ちやすいと考えている。

一人だと弱いから、みんなで励まし合いながら3カ月を突っ走る。3カ月続けたら1カ月のんびりして充電し、また3カ月集中してやりぬく。3カ月のエネルギー投入量にもよるが、数回これを繰り返していけば、ビジネス英語を道具として使うことは相当できるようになっていくと信じている。

*　*　*

最後までお読みいただき、どうもありがとうございました。

本書を読まれた感想、質問をぜひ私あて（akaba@b-t-partners.com）にお送りください。すぐにお返事させていただきます。どうしても挫折するがとか、こういうときどう振る舞えばいいのか、など、英語あるいはビジネス上、あるいはスキルアップ上の個別・具体的な質問も歓迎です。

読者のコミュニティをFacebookグループ上で作っています。「二度と英語に挫折しない会」で検索していただければすぐに見つかります。ぜひご参加のうえ、同じ悩みを持つ仲間との出会いと情報交換にご活用ください。
「二度と英語に挫折しない会」本会、地域分科会でお会いしましょう。

もうこれで英語《えいご》に挫折《ざせつ》しない
—マッキンゼーで14年間活躍《ねんかんかつやく》できた私《わたし》は英語《えいご》をどう身《み》につけたか

平成28年4月5日　初版第1刷発行

著　者　赤《あか》羽《ば》雄《ゆう》二《じ》
発行者　辻　浩明
発行所　祥《しよう》伝《でん》社《しや》
〒101-8701
東京都千代田区神田神保町3-3
☎03(3265)2081(販売部)
☎03(3265)1084(編集部)
☎03(3265)3622(業務部)

印　刷　萩原印刷
製　本　ナショナル製本

ISBN978-4-396-61558-1 C0082
祥伝社のホームページ・http://www.shodensha.co.jp/

「二度と英語に挫折しない会」はじめました！

本書で提案している英語に挫折しない方法
「Facebookグループで仲間を募る」を実践するため、
著者の赤羽雄二さんがFacebookグループ
「二度と英語に挫折しない会」を作りました。

「英語を勉強しようと思い、
何度も挫折して、いい加減いやになって、
今度こそは続けられればと思い、
今、この本を手にとっている人」でしたら、
どなたでも参加できます。無料です。

「英語の勉強に挫折してしまう」という
同じ悩みを持つ仲間と出会えます。
英語学習に関して、さまざまな情報交換ができます。
ぜひ一度、ご覧ください。

※「二度と英語に挫折しない会」で
検索していただければ、すぐに見つかります。